ACCESO GRATIS *a la Lectura en la Nube*

Para visualizar el libro electrónico en la nube de lectura envíe junto a su nombre y apellidos una fotografía del código de barras situado en la contraportada del libro y otra del ticket de compra a la dirección:

ebooktirant@tirant.com

En un máximo de 72 horas laborales le enviaremos el código de acceso con sus instrucciones.

LA PARTICIPACIÓN CIUDADANA EN LA DEFENSA AMBIENTAL CONTRA LA FUMIGACIÓN CON GLIFOSATO, EL FRACKING Y LA EXPLOTACIÓN MINERO-ENERGÉTICA EN COLOMBIA

Grupo Nuevas Visiones del Derecho
(Cat. B. MinCiencias)

LA PARTICIPACIÓN CIUDADANA EN LA DEFENSA AMBIENTAL CONTRA LA FUMIGACIÓN CON GLIFOSATO, EL FRACKING Y LA EXPLOTACIÓN MINERO-ENERGÉTICA EN COLOMBIA

Grupo Nuevas Visiones del Derecho (Cat. B. MinCiencias)

Germán Alfonso López Daza

Director del proyecto

Mariela Méndez Cuéllar

Coinvestigadora

Luis Eduardo Rodríguez Quintero

Joven investigador

tirant lo blanch

Bogotá D.C., 2024

En caso de erratas y actualizaciones, la Editorial Tirant lo Blanch publicará la pertinente corrección en la página web www.tirant.com.

Universidad Surcolombiana. Grupo Nuevas Visiones del Derecho, autor.
La participación ciudadana en la defensa ambiental contra la fumigación con glifosato, el fracking y la explotación minero-energética en Colombia / Grupo Nuevas Visiones del Derecho; director del proyecto: Germán Alfonso López Daza; coinvestigadora: Mariela Méndez Cuéllar; joven investigador: Luis Eduardo Rodríguez Quintero. -- Primera edición. -- Bogotá: Tirant lo Blanch, 2024.

132 páginas.
Incluye referencias bibliográficas: páginas 127-131.
ISBN: 978-84-1071-639-1

1. Protección del medio ambiente -- Colombia. 2. Fracturación hidráulica -- Colombia. 3. Participación ciudadana -- Colombia. 4. Glifosato -- Aspectos ambientales. 5. Minas -- Aspectos ambientales. I. López Daza, Germán Alfonso, líder del equipo de investigación. II. Méndez Cuéllar, Mariela, investigadora. III. Rodríguez Quintero, Luis Eduardo, investigador. IV. Título.

LC: HM776 CDD: 363.70525 ed. 23

Catalogación en publicación de la Biblioteca Carlos Gaviria Díaz

EDITA: TIRANT LO BLANCH
Calle 11 # 2-16 (Bogotá D.C.)
Telf.: 4660171
Email: tlb@tirant.com
Librería virtual: www.tirant.com/co/
ISBN: 978-84-1071-639-1

Si tiene alguna queja o sugerencia, envíenos un mail a: *atencioncliente@tirant.com*. En caso de no ser atendida su sugerencia, por favor, lea en *www.tirant.net/index.php/empresa/politicas-de-empresa* nuestro procedimiento de quejas.

Responsabilidad Social Corporativa: http://www.tirant.net/Docs/RSCTirant.pdf

Índice

Sobre los autores

Germán Alfonso López Daza

Profesor Titular de Derecho Constitucional de la Universidad Surcolombiana.

Doctorado en Derecho Constitucional (Université de París II Panthéon-Asssas Francia); postdoctorado del Institut Louis Favoreu (Aix-Marseille Université–Francia). Máster en Instituciones y Políticas Públicas (Université de Paris I Panthéon-Sorbonne Francia); especialista en derecho constitucional (Université de París II Panthéon-Asssas Francia); especialista en derecho público (Universidad Nacional de Colombia); Abogado de la Universidad Santo Tomás (Bogotá); Investigador asociado de MinCiencias. Director del grupo Nuevas Visiones del Derecho (Cat. B MinCiencias). Miembro de la *Association française de droit constitutionnel* (AFDC) y de la *International Association of Constitutional Law* (IACL).

Mariela Méndez Cuéllar

Profesora de la Universidad Surcolombiana

Abogada especialista en Derecho Administrativo de la Universidad la Gran Colombia y Magíster en Derecho Público de la Universidad Surcolombiana. Investigadora del Grupo de investigación Nuevas Visiones del Derecho (Cat.B MinCiencias)

Luis Eduardo Rodríguez Quintero

Abogado de la Universidad Surcolombiana. Joven investigador del grupo Nuevas Visiones del Derecho (Cat. B MinCiencias)

Resumen

A lo largo de los últimos años debido a diferentes decisiones gubernamentales, se han venido generando impactos ambientales a gran escala, especialmente por el desarrollo de proyectos relacionados con el *fracking*, la fumigación aérea con glifosato y la extracción minero energética, generando un despertar de la ciudadanía mediante el uso de mecanismos de participación ciudadana establecidos en la Constitución Política colombiana, específicamente la consulta popular, la consulta previa y la acción tutela. La presente investigación dejó en evidencia la eficacia de tales acciones ciudadanas es muy relativa, ya que depende de muchos factores que, en su mayoría, terminan por afectar la iniciativa ciudadana al no lograr la finalidad propuesta.

La consulta previa para las comunidades indígenas, resulta ser el mecanismo que mayor amparo recibe por parte de los órganos competentes. Sin embargo, frente a la consulta popular y a la acción de tutela, el panorama es diferente, pues en su mayoría y por diversas razones expuestas por las Altas Cortes, son declaradas inconstitucionales o improcedentes.

En la investigación presentada en este trabajo, se deja en evidencia la relativa eficacia de los mecanismos populares previstos en la Constitución, para la protección de los derechos e intereses colectivos de las comunidades afectadas por proyectos de *fracking*, fumigación aérea con glifosato y la explotación de recursos mediante la minería.

Se propone como solución la aplicación de la consulta popular basándose en el diálogo amplio, la participación de distintas personas expertas con la misma ciudadanía para la formulación de preguntas y respuestas, empleando la Teoría de confrontaciones y consensos para la toma de decisiones, respetando al mismo tiempo los principios de concurrencia, coordinación y subsidiariedad.

Introducción

La Constitución Política colombiana de 1991 estableció unos principios y valores esenciales consagrados en el preámbulo de la carta y en los artículos 1° y 2°, que exponen valores ético-políticos considerados como vitales para la materialización de los ideales constitucionales y que deben ser tenidos en cuenta por el Estado.

Entre este conjunto de principios se encuentra la participación ciudadana, elemento clave para crear condiciones que consoliden la gobernabilidad democrática, involucrando activamente a la ciudadanía para la toma de decisiones que puedan repercutir en su entorno.

Este derecho implica la obligación estatal de abstenerse de adoptar medidas de cualquier tipo, que imposibiliten el libre ejercicio de la participación por parte de ciudadanos y organizaciones sociales. Conlleva también el deber de evitar la adopción de acciones de cualquier índole que interfieran y afecten el libre ejercicio de la participación ciudadana, así como el deber de tomar medidas que procuren el desarrollo de las diversas formas de participación.

El Estado debe entonces proteger el pluralismo, promover la participación democrática mediante diferentes formas de organización social y en general no puede eliminar o limitar ninguna forma de ejercer la democracia participativa. (CConst. C-150 de 2015 M. P. González Cuervo).

La participación ciudadana es un principio fundamental que ilumina todo el actuar social y colectivo en el Estado social de derecho, que persigue un incremento histórico cuantitativo y cualitativo de las oportunidades de los ciudadanos, buscando tomar parte en los asuntos que comprometen los intereses generales. (CConst. C-1338 de 2000 M.P. Pardo Schlesinger).

Dicho principio se materializa en temáticas devenidas en problemáticas, que afectan a la ciudadanía directa o indirectamente, buscando su modificación con la intervención ciudadana, pero de manera colectiva discutiendo, debatiendo y tomando decisiones para garantizar y proteger sus intereses y el bienestar común.

La participación ciudadana ha sido ejercida en varios escenarios en los 33 años de vigencia de la Constitución. Sin embargo, existen tres prácticas que generaron bastante controversia por la dimensión en la afectación del medio ambiente: la exploración y explotación minero-energética, la fumigación aérea con glifosato y la recuperación de hidrocarburos con la práctica del *fracking*.

Es así como en ciertas regiones y municipios, la ciudadanía ha ejercido su derecho a manifestarse mediante las vías judiciales, para tratar de reversar o detener ciertas políticas gubernamentales que afectan los ecosistemas y el medio ambiente con las tres prácticas antes mencionadas, las cuales tuvieron fuerte resistencia ciudadana en los municipios colombianos donde se han implementado o se buscó su aplicación.

En los tres casos se dieron intervenciones ciudadanas mediante acciones constitucionales, como la de inconstitucionalidad[1] o la popular[2]. En enero de 2022, la Corte Constitucional ordenó suspender el Plan del Gobierno que autorizaba la aspersión aérea con glifosato en 104 municipios de 14 departamentos[3], en virtud de que nunca se consultó con las comunidades que podrían resultar afectadas. Esto se dio cuando se fallaron cuatro tutelas acumuladas, las cuales fueron presentadas por un centenar de organizaciones campesinas, indígenas y afros.

En el caso del *fracking*, el Gobierno a través de la Autoridad Nacional de Licencias Ambientales (ANLA) le otorgó a Ecopetrol en febrero de 2022, una licencia ambiental que lo autorizaba para una

1 Regulada por el Decreto 2067 de 1991.

2 Consagrada en el artículo 88 de la Constitución Política colombiana y desarrollada en la Ley 472 de 1998.

3 Valle del Cauca, Chocó, Norte de Santander, Santander, Córdoba, Bolívar, Antioquia, Cauca, Nariño, Putumayo, Caquetá, Vichada, Meta y Guaviare.

prueba piloto que buscaría la recuperación de petróleo en el municipio de Puerto Wilches en el Magdalena Medio[4].

Sin embargo, en abril de 2022 la jueza Primera Administrativo Oral del Circuito de Barrancabermeja Blanca Judith Martínez, ordenó la suspensión de la prueba porque no hubo consulta previa con las comunidades que habitan la región donde se iba a ejecutar el proyecto, como lo prevén las normas vigentes. Esta se dio en el marco de una acción de tutela interpuesta por la Corporación Afrowilches (Suárez, 2022).

Fue así como frente a varios proyectos minero-energéticos se realizaron un buen número de consultas populares para tratar de detenerlos en virtud de la posible afectación de ecosistemas, flora fauna y vida humana, bajo el fundamento de la autonomía territorial y la democracia participativa.

Una de las primeras fue la consulta popular realizada el domingo 26 de marzo de 2017 por los habitantes del municipio de Cajamarca (Tolima), quienes le dijeron no a la minería en su territorio, deteniendo de esta forma el proyecto impulsado por la empresa Anglogold Ashanti el cual se denominó proyecto minero "La Colosa" (Torres, 2018).

Sin embargo, dicha empresa presentó una acción de nulidad y restablecimiento del derecho ante el Consejo de Estado contra Cortolima, quien terminó las concesiones de agua otorgadas a la empresa para el desarrollo del proyecto minero.

Los anteriores episodios presentados en Colombia, pone en evidencia la activa participación ciudadana tanto por vía judicial como con mecanismos de participación ciudadana, lo cual conlleva a que se haga necesario realizar un análisis para determinar el papel de la participación ciudadana en la defensa de los derechos colectivos y establecer la eficacia de estas acciones frente a las acciones gubernamentales.

---

4 Esta autorización se dio mediante la Resolución 00648 expedida el 25 de febrero, mediante la cual la Autoridad Nacional de Licencias Ambientales (ANLA) otorgó al Proyecto Piloto de Investigación Integral (Ppii) Kalé, de Ecopetrol, con la cual se ejecutaría el primer piloto de fracking en el país.

En ese sentido, se ha considerado pertinente y necesario realizar un trabajo de investigación, sobre la eficacia de la participación ciudadana en contra de ciertas acciones autorizadas directamente por el Estado, como lo fue la fumigación con glifosato, o autorizadas a particulares como lo fue el caso de la práctica del *fracking* o la explotación minero-energética.

En este sentido el proyecto estableció la siguiente pregunta de investigación: ¿Cuál ha sido el alcance y la eficacia del derecho a la participación ciudadana en asuntos ambientales en Colombia bajo la Constitución de 1991, específicamente en la fumigación con glifosato, la práctica del *fracking* y la explotación minero-energética?

El presente proyecto se justifica en virtud de la necesidad de precisar mediante una investigación jurídica, el alcance de las acciones ciudadanas frente a las acciones gubernamentales que directa o indirectamente afectan o es inminente su afectación al medio ambiente.

La falta de claridad sobre el alcance de la participación ciudadana en estos tres problemas complejos, así como el poco número de investigaciones que aborden los conflictos que surgen de ellos, hace que este trabajo académico sea de vital importancia para establecer el estado actual de la problemática y aporte un análisis jurídico de las decisiones judiciales sobre la materia para determinar las posibles salidas jurídicas que posibiliten conciliar los derechos enfrentados.

El presente trabajo de investigación fue realizado a través de una metodología analítica-descriptiva; tuvo como objetivo determinar el alcance y la eficacia del derecho a la participación ciudadana en asuntos ambientales en Colombia bajo la Constitución de 1991, específicamente en la fumigación con glifosato, la práctica del *fracking* y la explotación minero-energética. Para tal fin, se analizó la trascendencia de la afectación medioambiental, se determinó la eficacia de esos mecanismos de participación bajo la revisión de específicamente en la fumigación con glifosato, la práctica del *fracking* y la explotación minero-energética las políticas gubernamentales de dichos proyectos.

Para ello se formularon tres (3) objetivos específicos. El primero, precisar el ejercicio de la democracia participativa bajo la Constitución Política de 1991; el segundo, analizar la jurisprudencia de las decisiones de la Corte Constitucional y del Consejo de Estado sobre los mecanismos de participación ciudadana en materia de fumigación aérea con glifosato, la explotación minero-energética y la práctica del *fracking*; por último se determinó la eficacia de los mecanismos de la participación ciudadana en los procesos de implementación de las tres prácticas citadas previamente.

El presente libro producto de una investigación académica, refleja la importancia de la participación ciudadana en el control de las acciones gubernamentales, así como la eficacia —relativa en algunos casos— de su ejercicio, para la protección de los derechos de carácter colectivo como el derecho a un ambiente sano.

Si bien este trabajo no pretende ser exhaustivo, sí recoge la experiencia ciudadana y su importancia, principalmente a lo largo de los últimos 15 años cuando el tema ambiental ha tomado mayor fuerza debido al aumento de la depredación en contra de los recursos naturales por cuenta del extractivismo que ha primado en los gobiernos en detrimento del equilibrio ambiental y el derecho de las futuras generaciones.

1. La democracia participativa y su consagración en la Constitución Política colombiana

La democracia participativa es un concepto genérico y tal vez la forma original de democracia en el mundo occidental. Se puede comparar y contrastar con la democracia representativa, así como con formas expresadas en términos correlativos como directa, deliberativa y democracia fuerte. (Barber, 2015).

En principio, toda democracia es hasta cierto punto participativa, arraigada mínimamente en un acto de consentimiento original mediante un "contrato social" así como en la participación periódica en elecciones.

Actualmente, cuando el desafío de la escala ha hecho que la democracia sea más representativa que participativa y cuando hay representación, rendición de cuentas y gobierno indirecto, en el que el pueblo elige a los gobernantes en lugar de gobernarse a sí mismos, la democracia participativa ha llegado a ser vista como una forma alternativa de democracia, debido a que la democracia representativa moderna debilita la ciudadanía, pero amplía la base ciudadana.

Es por ello por lo que la democracia participativa y la democracia representativa se han convertido en antónimos conceptuales y en dos formas fundamentalmente distintivas de democracia, arraigada en concepciones contrarias de la soberanía popular, como autogobierno directo por parte de un pueblo circunscrito a sí mismo y como gobierno indirecto mediante elites" elegidas por todo el pueblo, quienes siguen siendo espectadores pasivos del proceso legislativo. (Barber, 2015).

Colombia se embarcó en esta tendencia mundial de fines del siglo XX con la inserción del modelo de democracia participativa en la carta de 1991, como fiel reflejo de la forma como nació la Constitución en un contexto de movilización ciudadana que fue denominado como el "Movimiento de la Séptima Papeleta".

1.1. Antecedentes de la democracia participativa y su implementación en Colombia

La democracia colombiana ha sido una de las más estables en Latinoamérica —con una breve interrupción en 1953 con la dictadura de Rojas Pinilla—, que a pesar de sus dificultades ha logrado mantenerse y consolidarse con el cambio realizado en 1991 con la actual Constitución Política, recorrido que no ha sido fácil debido principalmente a problemas como la violencia, la desigualdad social, la corrupción y el narcotráfico.

La carta política de 1991 consagró entre otros principios, el de la democracia participativa con la cual cada ciudadano es considerado como parte activa en las determinaciones de carácter público, procurando otorgar al ciudadano la certidumbre de que no será excluido del debate, análisis o resolución de los factores que inciden en su vida diaria, ni tampoco de los procesos políticos que comprometen el futuro colectivo. (CConst., C-221/1996, M. P. J. Hernández).

La democracia participativa en Colombia ha tenido tres grandes etapas, las cuales reflejan el proceso histórico en el que los actores sociales han incidido paulatinamente para intervenir en los procesos políticos del país y, a su vez, para tratar de intervenir en la toma de decisiones directas sobre el destino de las comunidades.

Una primera etapa se puede ubicar bajo la Constitución de 1886 dividida en dos momentos claves: el Plebiscito del 1° de diciembre de 1957 y la aprobación de la consulta popular mediante el Acto Legislativo 01 de 1986.

El contexto político y social vivido por el país desde el siglo XIX hasta un poco más allá de mediados del siglo XX, fue la intensa violencia bipartidista entre el Partido Conservador y el Partido Liberal, que alcanzó su punto más agudo con el asesinato del candidato presidencial Jorge Eliécer Gaitán el 9 de abril de 1948. Este importante hecho recrudeció la violencia que se vivía en el territorio nacional con la llegada al poder de la única dictadura militar en cabeza del General Gustavo Rojas Pinilla.

Tras el fin de la dictadura, los líderes de los partidos Conservador y Liberal, Laureano Gómez y Alberto Lleras Camargo, acordaron en España el retorno a la democracia mediante el Frente Nacional. Este acuerdo, ratificado en el Plebiscito del 1° de diciembre de 1957, estableció la alternancia presidencial y la paridad burocrática entre ambos partidos, compartiendo el poder en todos los niveles de la administración pública. (Álvarez, 2022).

Otro hecho importante fue la aprobación del Acto Legislativo No. 01 de 1986 que introdujo la consulta popular como un mecanismo de participación ciudadana a nivel distrital y municipal. Pese a su regulación constitucional, su implementación fue restringida a asuntos de poca trascendencia, lo que desembocó en un sentimiento de ilegitimidad e ineficacia en la sociedad.

Este Acto Legislativo, sin embargo, marcó un precedente importante al ser el primer mecanismo de participación ciudadana con carácter vinculante en la Constitución de 1886, reflejando el deseo de los ciudadanos de buscar canales de participación más directos que la mera representación.

La segunda etapa estuvo encaminada a las reformas constitucionales y a la participación ciudadana en Colombia en la década de 1980. En este periodo de tiempo, los países en vía de desarrollo enfrentaron desafíos significativos debido a la tendencia neoliberal, caracterizada por la privatización y la apertura de fronteras sin protección adecuada, lo que aumentó el temor a la pobreza.

En Colombia, la situación interna era aún más alarmante debido a problemas como el narcoterrorismo, el nacimiento y fortalecimiento de grupos guerrilleros y paramilitares, la corrupción endémica, la desigualdad social, la clase política deslegitimada, y la ausencia del Estado en gran parte del territorio. Aunado a esto, la centralización excesiva, el confesionalismo estatal, la violación de derechos humanos, la creciente deuda externa, el déficit presupuestal en aumento, la inflación y una pésima imagen internacional contribuían a la percepción de un Estado fallido.

En respuesta a la crisis, estudiantes universitarios lideraron un movimiento conocido como La Séptima Papeleta. En las elecciones del 11 de marzo de 1990, se les permitió a los ciudadanos manifestar su voluntad de convocar una Asamblea Constituyente para reformar la Constitución de 1886. Este acto de participación ciudadana es considerado uno de los más importantes en la historia de Colombia.

Es importante aclarar que la Séptima Papeleta no tenía un fundamento expreso en la Constitución para realizar una reforma por la vía ciudadana. Con la incertidumbre sobre cómo materializar este movimiento político y los graves problemas que asolaban el país, la Registraduría Nacional autorizó la inclusión de este voto, y el 11 de marzo de 1990. De esta forma, el poder constituyente primario expresó su voluntad soberana de convocar a una Asamblea Nacional Constituyente.

La tercera etapa inicia con la promulgación de la Constitución de 1991, la cual refleja la voluntad del poder constituyente de fortalecer la democracia participativa en Colombia. Según la Corte Constitucional, la redefinición de la soberanía, la revalorización del papel del ciudadano y la profundización de la democracia participativa son expresiones genuinas del mandato del Pueblo a la Asamblea Nacional Constituyente. (CConst., C-180/1994. M. P. H. Herrera)

La carta política destaca la participación ciudadana de naturaleza política como columna vertebral del Estado social de derecho. Este principio ha tenido un importante desarrollo legislativo reflejado en leyes estatutarias y en la jurisprudencia de la Corte Constitucional.

A pesar de estos avances constitucionales, legales y jurisprudenciales, la implementación práctica de la democracia participativa en Colombia aún enfrenta desafíos. Se necesita más pedagogía y cultura política para consolidar estos mecanismos de participación ciudadana.

Con base en la breve descripción histórica realizada que resalta los puntos más importantes en la historia de la participación ciudadana, es viable afirmar que el origen de la democracia participativa tiene su punto de inflexión en la Constitución Política de 1991.

Esta nueva forma de concebir la democracia obedece a dinámicas sociales actuales donde los roles de los actores comunitarios han experimentado una transformación significativa, y las fuerzas sociales han ganado un protagonismo cada vez mayor frente a las dificultades que atraviesan los sistemas democráticos.

Esta tendencia es consecuencia directa de la crisis de intermediación entre la sociedad y las instituciones democráticas. En las últimas décadas, han surgido diferentes formas de respuesta social que se alejan de los mecanismos tradicionales, los cuales se caracterizaban por una identidad clara, una militancia uniforme, demandas dirigidas a la autoridad, un repertorio establecido de acciones para difundir tales demandas y una estructura organizada y jerárquica.

En contraste, la acción política contemporánea es más diversa y menos institucionalizada, lo que dificulta cada vez más la creación de canales formales que transmitan las demandas sociales hacia las instituciones políticas. Es común encontrar casos donde la falta de organización formal y los medios empleados sitúan a estos nuevos actores políticos al margen de los mecanismos democráticos tradicionales.

Esta nueva forma de concebir la democracia no logra tener un impacto significativo, ya que las causas muchas veces no influyen en la agenda pública o política. Sin embargo, estas movilizaciones "informales" han logrado canalizar ciertas formas de acción política de la sociedad, reivindicando un papel renovador en la democracia, sus actores, sus estructuras y sus procedimientos.

Como se ha venido narrando, este fenómeno es relativamente reciente, pues se pueden identificar varios elementos comunes en estos nuevos actores políticos como lo son el carácter espontáneo inicial, la participación de individuos sin coordinación previa, la ausencia de estructuras formales y líderes reconocidos, lo que a veces provoca que aquellos que intentan asumir roles de liderazgo sean rechazados. (Rubio, 2021).

Estos grupos suelen ser económica, política y socialmente heterogéneos, con muchos miembros sin experiencia previa en acciones políticas y sin vínculos con actores políticos tradicionales como sindicatos o partidos. Comparten un sentimiento de marginación por parte de las élites, especialmente las políticas.

Estos nuevos actores tienen métodos no tradicionales para exponer las problemáticas sociales y políticas que van encaminadas a la presunción de legitimidad de la clase dirigente, las falencias de la democracia representativa y una crítica contundente sobre el funcionamiento de la política estatal que, según este grupo, siempre está sumida en la corrupción.

Estas nuevas dinámicas políticas buscan la reivindicación en temas fundamentales como la igualdad material y una justicia social clara y concreta. Es por esto por lo que sus organizaciones no se caracterizan por una jerarquización de su estructura interna, sino que obedece a un carácter más asambleario con mecanismos horizontales de toma de decisiones y en su transversalidad, no sectorial.

Esta nueva perspectiva política permite que los ciudadanos que se involucran en procesos participativos lo hagan impulsados tanto por su cultura democrática como por la efectividad de tales mecanismos. La participación depende de factores como la inclusividad, la intensidad de los procedimientos y la capacidad de influencia real.

Miguel Sánchez (1980) aborda esta problemática al señalar que el término "democracia participativa" refleja la existencia o posibilidad de formas institucionales de expresión de los intereses ciudadanos que van más allá de los esquemas tradicionales de la democracia representativa. En ese sentido, la diferencia entre democracia participativa y representativa no es clara; algunos ven estos modelos como opuestos, mientras que otros los consideran complementarios. Esta ambigüedad se agrava por la retórica participativa que mezcla los conceptos jurídicos y políticos de participación, la limitada efectividad jurídica de muchos mecanismos participativos, y su uso excepcional, lo que genera confusión y cierta inseguridad jurídica.

Por otro lado, Rosanvallon (2010) entiende que la ola de la democracia participativa de los años noventa se caracteriza por tres elementos. El primero consiste en no reemplazar los espacios de representación; el segundo, no debe limitarse a temas específicos como el medio ambiente o el gobierno local; por último, depende de decisiones gubernamentales que han convertido la participación en un "medio de gobierno".

Desde entonces, la democracia participativa se ha orientado hacia las teorías de la democracia deliberativa, que se basan en una concepción epistémica de la democracia, centrada en la calidad del proceso de decisión y la confianza en que un debate público adecuado puede llevar a decisiones correctas. Esta propuesta se presenta como una forma cualificada de participación y, a menudo, ignora el sistema representativo en el que se desarrolla. Se caracteriza por su idealismo y, salvo excepciones, carece de propuestas institucionales claras y concretas. Además, celebra cualquier avance democrático como propio y atribuye a la deliberación éxitos que pueden haber tenido un papel marginal en los mismos. (Rubio, 2021).

Es así como, con base en estos antecedentes y las nuevas tendencias de los movimientos políticos, en el contexto colombiano la democracia participativa es un derecho y principio fundamental del Estado, donde permite que todas las personas puedan decidir sobre el destino de este, pues la soberanía reside en el pueblo.

Pese a que en el artículo 103 de la Constitución Política de 1991 se contemplan los diferentes mecanismos de participación ciudadana, ha sido una constante en la historia colombiana que los mismos no gozan de la eficacia que se espera, pues la percepción común es que los gobiernos de turno no atienden a las verdaderas necesidades de la población ni se preocupan por una sociedad más justa.

Debe tenerse presente que la cultura política colombiana está arraigada en el concepto político de "vencedores y vencidos". Esto impide la deliberación de ideas, diálogos y posibles acuerdos frente a las problemáticas sociales.

Es importante comprender que las iniciativas políticas no tradicionales deben trabajar en conjunto con las entidades gubernamentales y las segundas deben entender a las primeras, con el fin de configurar mecanismos que sean más coherentes con las realidades sociales y culturales de la nación.

Uno de los sucesos más relevantes de los mecanismos de participación ciudadana en la historia completa y reciente de Colombia es el Plebiscito del 2 de octubre de 2016 donde se consultó a la ciudadanía si debía aprobarse el Acuerdo de Paz alcanzado entre el Gobierno Nacional y las Fuerzas Armadas Revolucionarias de Colombia–Ejército del Pueblo (FARC-EP).

A pesar del buen número de ciudadanos que participaron en el Plebiscito, se evidenció un nuevo fenómeno: la manipulación de las masas con información falsa que pudo haber desviado la intención inicial de voto y dio como resultado un estrecho "NO", a pesar de la intención del Acuerdo: alcanzar la paz después de más de 50 años de guerra.

Si bien este tema no se abordará en este informe de investigación, sí se tocarán problemáticas que tocan directamente a la eficacia de algunos mecanismos en los tres escenarios específicos en los que se centró el estudio y que serán desarrollados en los capítulos siguientes.

1.2. Marco constitucional legal y jurisprudencial de los mecanismos de participación ciudadana

La consagración de Colombia como un Estado Social de Derecho se evidencia en el artículo 1° de la Constitución de 1991, pilar sobre el cual se estructura el nuevo modelo de Estado, en el cual la soberanía recae sobre el Pueblo del cual emana el poder público que se ejerce de dos maneras: de forma directa, refiriéndose a que los mismos ciudadanos son los que intervienen, discuten y deciden sobre temas que son de su interés denominándose así la democracia participativa; y de la forma tradicional —democracia representativa—, en donde el poder público se ejerce a través de los representantes que son elegidos por los ciudadanos para que estos tomen decisiones en nombre de dichos individuos (Constitución Política de 1991, art. 3).

En el artículo 103 de la carta política de 1991 se consagraron los siguientes mecanismos de participación política en ejercicio de la soberanía del pueblo: el voto, el plebiscito, el referendo, la consulta popular, el cabildo abierto, la iniciativa legislativa y la revocatoria del mandato.

La Ley Estatutaria 134 de 1994 desarrolló los mecanismos de participación democrática, definiéndolos y estableciendo el alcance de su aplicación. Posteriormente, se aprobó la Ley Estatutaria 1757 de 2015 que reglamentó la promoción y protección del derecho a la participación democrática y cuyo objeto es promover, proteger y garantizar las modalidades del derecho a participar en la vida política, administrativa, económica, social y cultural de la nación y controlar el poder.

El mecanismo más popular y mayormente utilizado es el voto popular, el cual se puede definir como el acto mediante el cual un individuo manifiesta su opinión, voluntad, apoyo o preferencia por cierto candidato o propuesta, dentro de un grupo de personas legitimadas para hacerlo.

El artículo 258 de la Constitución Política consagra que el voto es un derecho y un deber ciudadano que debe ser ejercido sin ningún tipo de coacción y de manera secreta por los ciudadanos. Para el caso del sufragio, la Constitución lo menciona en forma de derecho en los artículos 99 y 127 del texto supremo.

Sobre este mecanismo, la jurisprudencia de la Corte Constitucional ha afirmado que

> [...] el voto es el pilar fundamental de todo sistema democrático, en la medida en que comporta el mecanismo idóneo para garantizar la participación ciudadana en la conformación, ejercicio y control del poder político. Además de ser una manifestación de la libertad individual, el voto constituye la base de la legitimidad y funcionamiento de la democracia instituida, pues garantiza la intervención directa de la población en los procesos electorales, y más concretamente, en los de elección de

sus propios representantes o gobernantes (Sentencia C-224 de 2004 M. P. R. Escobar Gil).

El plebiscito es el segundo mecanismo consagrado en el artículo 103 de la C.P. Se define como la consulta o el deseo de un pueblo respecto de una importante decisión. En el sentido original, el término plebiscito es concebido como un instrumento verdaderamente democrático alejado de todo cariz autocrático cesarista. (López, 2023, pag.404).

Mediante el plebiscito los gobernantes acuden al ciudadano para consultarle directamente, mediante el voto, sobre algún asunto de gran importancia nacional, otorgándole así legitimidad a la decisión. El plebiscito tiene como propósito fundamental conocer la posición del ciudadano respecto a una determinada actuación del ejecutivo, por lo que es un voto de confianza que realiza el pueblo hacia su mandatario. De manera concreta se busca someter al escrutinio del pueblo, una decisión del poder ejecutivo nacional. (López, 2023, pag.404).

El tercer mecanismo contenido en el citado artículo 103 C.P. es el referendo, considerado como el mecanismo electoral más representativo de la democracia directa y participativa. Es el procedimiento mediante el cual, los ciudadanos se pronuncian a través del sufragio, decidiendo respecto de la aprobación o desaprobación de una norma puesta a consideración por autoridades expresadas en un texto ya elaborado de proyecto. (López, 2023, p. 405).

La definición de la Ley 134 de 1994 contempla en su artículo tercero la definición de referendo, precisando que es la convocatoria que se hace al pueblo para que apruebe o rechace un proyecto de norma jurídica o derogue o no una norma ya vigente. Este artículo en su parágrafo establece que el referendo puede ser nacional, departamental, distrital, municipal o local.

La citada Ley estatutaria reglamenta en sus artículos 4° y 5° dos tipos de referendo: el derogatorio y el aprobatorio. El primero, busca someter a consideración del pueblo un acto legislativo (reforma constitucional), de una ley, de una ordenanza, de un acuerdo o de una resolución local en alguna de sus partes o en su integridad, con el fin de que decida si la deroga o desea que continúe vigente. (López, 2023, p.407).

Por su parte, el referendo aprobatorio tiene la finalidad de someter a consideración de la ciudadanía un proyecto de ley, acto legislativo, ordenanza, acuerdo o una resolución local de iniciativa popular, que no haya sido adoptada por la corporación pública correspondiente, decidiendo si lo aprueba o lo rechaza total o parcialmente.

En cuarto lugar, se tiene la consulta popular mediante el cual un alcalde, gobernador e incluso el presidente de la República pone a consideración del pueblo, una cuestión de carácter general sobre una temática con trascendencia nacional, departamental, municipal, distrital o local para que el pueblo se pronuncie formalmente, siendo obligatoria su decisión.

Con la consulta popular, el gobernante tiene la posibilidad de acudir al pueblo para conocer y percibir sus expectativas para luego tomar una decisión que será vinculante y definitiva. Esto quiere decir que el pueblo impone un mandato de actuación al ejecutivo sin que adopte directamente la decisión respecto del asunto consultado.

La consulta popular define el derecho a la participación ciudadana y puede ser una alternativa para resolver disputas entre órganos del poder público legitimados democráticamente. Este mecanismo permite salidas democráticas, a fin de evitar la parálisis administrativa por disputas o enfrentamientos entre el ejecutivo y legislativo.

A nivel constitucional, son varios los artículos que contienen disposiciones relacionadas con la consulta popular. Se mencionan entre otros los siguientes:

- Los artículos 40, 100 y 103 la menciona de manera genérica como mecanismo de participación ciudadana.
- Los artículos 104 y 105 regulan la consulta popular facultativa del orden nacional y de nivel territorial respectivamente.
- El artículo 297 prevé las consultas territoriales obligatorias como condición para decretar la creación de nuevos departamentos.

- El artículo 319 regula las consultas territoriales obligatorias para la conformación de un área metropolitana o para la anexión de un municipio a una de ellas.
- El artículo 321 prevé las consultas territoriales obligatorias para la participación de un municipio en una provincia.

Su regulación a nivel legislativo se encuentra en los artículos 50 a 57 de la Ley Estatutaria 134 de 1994 y su desarrollo jurisprudencial, por parte de la Corte Constitucional, se evidencia en las Sentencias C-180 de 1994 (M. P. Herrera Vergara), C-150 de 2015 (M. P. González Cuervo), C-784 de 2014 (M. P. Calle Correa) y T-123 de 2009 (M. P. Vargas Hernández), principalmente.

Otro mecanismo consagrado en el artículo 103 de la C.P. es el cabildo abierto, regulado a su vez en el artículo 9° de la Ley 134 de 1994. Es una reunión pública realizada por los concejos distritales, municipales o las juntas administradoras locales, en la cual los ciudadanos pueden participar directamente, con la finalidad de analizar conjuntamente asuntos de interés para su comunidad.

El cabildo abierto constituye un mecanismo de participación directa de la ciudadanía frente a los asuntos de carácter local que puedan afectarla. Es un espacio deliberativo en el que se pueden discutir y debatir todos los temas que sean de interés para la comunidad. Si bien el legislador le otorgó una naturaleza deliberativa en la Ley 134 de 1994, esto no es impedimento para que se le pueda otorgar un carácter decisorio.

Este mecanismo hace posible la participación para el logro de objetivos específicos mediante el acercamiento de la ciudadanía al poder local que tiene la posibilidad de tomar las decisiones en el Estado. El cabildo abierto, más allá de la función de control político, es un mecanismo de mediación entre la ciudadanía y el poder decisorio en cabeza del ejecutivo, para asuntos de trascendencia local dentro de una lógica participativa. Este medio de participación ciudadana es el idóneo para que los ciudadanos puedan tener un diálogo con los concejales o ediles y, en general, con la administración pública para conocer directamente sus inquietudes y problemáticas y buscar posibles soluciones.

El cabildo abierto está regulado en la Ley 134 de 1994 desde el artículo 80 hasta el 90, pero la Corte declaró inexequible este último. Desde lo jurisprudencial, se han dado importantes desarrollos en algunas decisiones de dicho tribunal. Se pueden citar las Sentencias T-350 de 2014 (M. P. González Cuervo), T-637 de 2001 (M. P. Cepeda Espinosa), C-150 de 2015 (M. P. González Cuervo), entre otras. (López, 2023, p.411).

En sexto lugar se tiene la iniciativa popular legislativa y normativa consagrada en la Constitución Política en los artículos 103, 154 y 155, regulada a su vez en la Ley 134 de 1994 y en la Ley 1757 de 2015. A través de este mecanismo, podrán los ciudadanos presentar proyectos de acto legislativo o de ley ante el Congreso de la República, así ordenanzas ante las asambleas departamentales, de acuerdos ante los concejos municipales o distritales, resoluciones ante las juntas administradoras locales y demás resoluciones de las corporaciones de las entidades territoriales.

La reglamentación desarrollada en la Ley 131 de 1994 establece una serie de requisitos para el ejercicio de este mecanismo. Por ejemplo, está el caso de los promotores y voceros de la iniciativa quienes requieren ser ciudadanos en ejercicio y contar con el respaldo del cinco por mil de los ciudadanos inscritos en el respectivo censo electoral.

Igualmente, la Ley 134 de 1994 establece que pueden ser promotores de una iniciativa, una organización cívica, sindical, gremial, indígena o comunal, o un partido o movimiento político.

Asimismo, el comité promotor debe integrarse por nueve ciudadanos y las iniciativas populares legislativas deben ser promovidas con el respaldo del 30% de los concejales o diputados del país (artículo 155 de la Constitución y artículo 28, Ley 134 de 1994).

El trámite previsto en la ley para una iniciativa legislativa o normativa prevé que la Registraduría Nacional del Estado Civil debe elaborar un formulario para la inscripción y deberá ser entregado gratuitamente por quien lo solicite.

Como séptimo mecanismo previsto en el artículo 103 de la C.P. está la revocatoria del mandato, desarrollado en los artículos 40, 103 y 259 de la Constitución Política que establecen el derecho a la participación en política, los mecanismos de participación popular y el voto programático respectivamente.

Es un mecanismo de control y responsabilidad vertical que permite a los ciudadanos retirar al alcalde o gobernador de sus respectivos cargos mediante el voto popular, previo el cumplimiento de una serie de requisitos establecidos en la ley.

La revocatoria abre una vía de defensa de los ciudadanos frente a los gobernantes considerados como impopulares o ineficaces. Se inicia por la insatisfacción generalizada de los ciudadanos o por el incumplimiento del programa de gobierno del respectivo dignatario. Sin embargo, la figura también ha sido utilizada como herramienta política por los contradictores para tratar de revocar al mandatario elegido popularmente. (López, 2023, pag.414).

La ley reglamentaria de la revocatoria del mandato es la Ley estatutaria 131 de 1994 reformada por la Ley 1757 de 2015. Estas normas prevén ciertos requisitos para su ejercicio.

Jurisprudencialmente han sido docenas las sentencias proferidas por la Corte Constitucional mediante las cuales el alto tribunal ha fijado el alcance del principio de la participación democrática y ha creado subreglas jurisprudenciales para el ejercicio de cada mecanismo.

1.3. Desarrollo jurisprudencial de la Corte Constitucional en materia de la participación ciudadana en Colombia

Como se ha venido desarrollando, la participación ciudadana está consagrada como principio en el preámbulo de la Constitución Política de Colombia de 1991 donde estipula que el Estado colombiano está sustentado en un “marco jurídico, democrático y participativo”, con la finalidad de garantizar “un orden político, económico y social justo", entendiendo que el preámbulo constitucional tiene fuerza vinculante, fundándose allí la base de la democracia y la participación activa de los ciudadanos.

La democratización de los Estados y la estipulación de estos principios básicos para la convivencia pacífica entre los diferentes actores de la sociedad en las constituciones obedece a un desarrollo histórico de la humanidad que busca principalmente generar un control y a su vez la participación activa de los diferentes grupos sociales en la toma de decisiones que de alguna forma afectará los intereses individuales y colectivos.

Por ello, la participación ciudadana es uno de los pilares fundamentales de las sociedades contemporáneas que ven en este principio, un elemento vital para la correcta administración de los Estados modernos, pues con ella se pueden alcanzar acuerdos que buscan satisfacer los intereses de los diferentes grupos de la comunidad, más aún cuando existe diversidad y pluralidad en sus integrantes.

Con base en lo anterior, se analizará el avance de las posturas de la Corte Constitucional sobre la participación ciudadana, sus conceptos, características, regulaciones, alcances, límites y, sobre todo, la evolución histórica que este Tribunal constitucional ha desarrollado a lo largo de los años.

Aparte del sustento de la participación ciudadana en el preámbulo de la Constitución Política de Colombia, se apoya igualmente en el artículo 1° sobre la organización estatal, que se fundamenta en una República "democrática, participativa y pluralista". De la misma manera en el artículo 2° donde se estipula unos de los fines del Estado colombiano: "facilitar la participación de todos en las decisiones que los afectan y en la vida económica, política, administrativa y cultural de la Nación".

Los artículos 1° y 2° consagrados en la carta política de Colombia, resaltan la importancia otorgada a la participación en el modelo político, pues lo introduce como elemento esencial para los fines del Estado. Así lo ha expresado la jurisprudencia constitucional:

> Las relaciones entre el Estado y los particulares se desenvuelven en un marco jurídico democrático y participativo como claramente aparece en el preámbulo de la Constitución y es reiterado en el título I de los principios fundamentales. El artículo 1° de la Constitución define a Colombia como un estado social de derecho organizado en forma de república democrática participativa y pluralista, mientras que el artículo 2° establece dentro de los fines esenciales del Estado el de "facilitar la participación de todos en las decisiones que los afectan y en la vida económica, política, administrativa y cultural de la Nación". (CConst., C-089 de 1994, M. P. H Herrera Vergara).

En ese sentido, la participación no debe ser considerada simplemente como una práctica estándar y deseable en la cultura política de los colombianos, sino como un principio fundamental y como un objetivo esencial de su actividad. Esto implica que las autoridades tienen la responsabilidad de facilitar y promover la participación en todos los ámbitos de la vida individual y colectiva, así como de fomentar la participación democrática y política de la ciudadanía en los procesos de toma de decisiones que afecten al bienestar colectivo (CConst., C-180 de 1994, M. P. H. Herrera).

La participación ciudadana es un pilar fundamental del constitucionalismo colombiano, ya que por medio de este se logra garantizar un Estado democrático, justo, pluralista, diverso y sobre todo donde los diferentes intereses que provienen de los distintos grupos sociales puedan ser escuchados y debatidos, con el fin de reconocer de manera continua que la soberanía recae exclusivamente en el pueblo.

Es por medio de la participación ciudadana que la sociedad no se encuentra sometida al vaivén de las decisiones tomadas por los diferentes poderes públicos, ya que estas pueden afectar la vida económica, política, administrativa y cultural de la Nación. Así mismo, se hace necesario que las personas desde su individualidad o colectividad tomen la iniciativa política para presentar los debates, reuniones e incluso votaciones por medio de los mecanismos de participación ciudadana, para encaminar el destino en el que los grupos, especialmente los minoritarios se vean representados y amparados.

Este planteamiento se encamina en el reconocimiento de la participación ciudadana no solo como un principio fundamental del Estado, sino también como un derecho fundamental. En la Sentencia C-1338 del 2000 (M. P. Pardo Schlesinger), el alto Tribunal constitucional plantea diferentes campos de acción donde este derecho se evidencia en la carta política; el primero lo encontramos en el artículo 270 que plantea que los ciudadanos pueden verificar de manera constante el actuar de la administración pública, así como evaluar sus resultados y si esta actividad se puede desarrollar por medio de las "asociaciones profesionales, cívicas, sindicales, comunitarias, juveniles, benéficas o de utilidad común no gubernamentales" establecidas en el artículo 103 Superior.

La Sentencia SU-1122 del 2001 también planteó cómo la participación ciudadana tiene conexidad con diferentes derechos fundamentales, ya que gracias a la misma se logra vigilar y controlar el poder público, evitando la afectación de los mismos. En ese sentido,

> (...) el mandato de expansión de la democracia que impone la Carta, ha de entenderse como resultado de varios procesos que involucran garantías para que la participación realmente sea voluntaria (C.P. art. 16), las decisiones efectivamente sean expresión de las opciones personales (C.P. arts. 18 y 20), cada opinión sea igualmente valorada (C.P. arts. 13 y 14) y los procedimientos fijados normativamente sean cumplidos (C.P. Art. 29). (CConst. SU-1122 de 2001, M. P. E. Montealegre Lynett)

Existe entonces una conexión entre los derechos fundamentales con la democracia y la obligatoriedad del Estado, de asegurar todos los elementos constitutivos de la misma, con el fin de que sen respetados, afianzados y profundizados.

El desconocimiento sistemático de las opiniones de los ciudadanos, que se pueden materializar por el voto, las decisiones o los debates, menoscaba la participación democrática que no solo garantiza la democracia, sino que la sustenta.

Uno de los artículos constitucionales que mejor materializa el derecho a la participación ciudadana es el 40 que establece que el pueblo colombiano puede *(i)* tomar parte en elecciones como votante o como candidato potencial, *(ii)* participar en la toma de decisiones a través de diversos mecanismos democráticos como el plebiscito, el referéndum, las consultas populares y la revocatoria del mandato, *(iii)* ser miembro activo y contribuir a la formación de partidos políticos, movimientos y agrupaciones, difundiendo, enseñando o promoviendo sus ideas y programas, *(iv)* presentar propuestas ante las diferentes instancias públicas, *(v)* defender la Constitución y la ley mediante la presentación de acciones públicas contempladas en ellas y por último, *(vi)* ocupar cargos en el sector público.

En la sentencia de la Corte Constitucional que revisó el proyecto de ley estatutaria que desarrolla y protege el derecho a la participación democrática (Ley 1757 de 2015), expresó que, en virtud de la soberanía del pueblo, la naturaleza de la participación ciudadana en el ordenamiento constitucional implica la posibilidad de intervenir en escenarios legislativos. La Corte señala que el Pueblo es el poder supremo o soberano y, en consecuencia, es el origen del poder público por lo que de este se desprende la facultad de constituir, legislar, juzgar, administrar y controlar, ya sea a través de sus representantes o directamente. (CConst., C-150 de 2015, M. P. M. González).

Esta manifestación de la participación ciudadana como derecho fundamental describe lo que en la vida política de una sociedad está presente, pues elevar esta cualidad intrínseca de la democracia como derecho o fin esencial del Estado, no fue una expresión de la voluntad de la Corte Constitucional o del Constituyente, sino que es precisamente la unificación de criterio de un pueblo soberano que dictamina cómo deben ser gobernados y sobre quienes recae la autoridad.

Es gracias al mismo pueblo y a su participación directa en el destino de la Nación la que permite el crecimiento sustancial de los escenarios políticos donde el debate, las decisiones y el voto configuran la constitución misma de la sociedad. La garantía y permanencia de esto debe estar a cargo de los órganos estatales, pues al hacerlo salvaguarda directamente la democracia, el orden jurídico y la convivencia pacífica de la sociedad.

Con base en el deber de protección del Estado a la participación ciudadana, el mismo debe *(i)* evitar tomar acciones que restrinjan la participación libre de ciudadanos y grupos sociales, *(ii)* garantizar que las autoridades públicas y los individuos no interfieran o afecten el ejercicio libre de las facultades relacionadas con la participación y por último, *(iii)* la implementación de medidas que fomenten el desarrollo óptimo de diversas formas de participación, al tiempo que se garantizan los niveles de protección logrados, sin retroceder injustificadamente (CConst., C-150 de 2015, M. P. M. González).

Estos tres deberes básicos del Estado demuestran que la participación libre de los ciudadanos y los grupos sociales es fundamental para el ejercicio de la democracia. Sin embargo, cualquier forma de obstrucción al desarrollo óptimo de los mecanismos dispuestos en la Constitución afecta los derechos fundamentales y los fines esenciales del Estado.

Un ejemplo de ello es lo desarrollado en la Sentencia T-1037 del 2010 (M. P. Palacio Palacio), la cual ampara el derecho a la libertad de expresión y conexos, ordenando a la entidad territorial que se permita realizar la publicidad correspondiente para llevar a cabo el óptimo desarrollo de ejercicio de la revocatoria de mandato.

La sentencia antes mencionada resalta que la conexidad que se da entre la participación ciudadana con la libertad de expresión es uno de los elementos más importantes para hacerla pública. La Corte Constitucional llama a esto como "pluralismo informativo", este puede darse a pequeña o gran escala con el fin de difundir ideas o posturas que sea de interés de la sociedad y así ayudar en la toma de decisiones. Lo sustenta de la siguiente forma:

> (...) el ejercicio del pluralismo informativo está ligado intrínsecamente con el principio democrático, puesto que la existencia de manifestaciones diversas de información se traduce en la existencia de un público reflexivo y variado, lo que sin duda está en el marco programático de un Estado social y democrático de derecho que respeta la libertad y la alteridad (CConst., T-1037 de 2010, M. P. J. Palacio).

La participación ciudadana asume diferentes formas o expresiones en que se puede materializar, según se desprende de la interpretación de la carta política. La Corte en la ya citada Sentencia C-150 de 2015 las resume de la siguiente forma.

En primer lugar, la participación es el reflejo de la capacidad que poseen todos los individuos, incluidos los grupos minoritarios, para oponerse a las decisiones de las mayorías cuando estas puedan afectar los derechos fundamentales que les han sido reconocidos constitucionalmente y que les permiten expresar su cultura e identidad.

Se trata de proteger un espacio de desarrollo personal libre de cualquier interferencia injustificada, que les otorga a las personas la capacidad de tomar decisiones individualmente o en el seno familiar. Esta salvaguarda de las decisiones privadas como forma de participación se fundamenta, entre otros aspectos, en el reconocimiento de la dignidad de las personas y el pluralismo previsto en el artículo 1° de la Constitución y en el respaldo al libre desarrollo de la personalidad establecido el artículo 16.

En segundo lugar, es necesario consultar a las comunidades indígenas presentes en el territorio nacional, pues muchas decisiones pueden afectar sus estilos de vida, identidad, culturalidad e incluso aspectos espirituales conexos a los territorios donde ancestralmente han habitado. La consulta debe ser efectiva con el fin de salvaguardar los derechos de estas comunidades; esto se sustenta en el artículo 330 Superior y en el Convenio 169 de la Organización Internacional del Trabajo (OIT).

En tercer lugar, la Constitución prevé diversas formas en las que la sociedad puede organizarse con el fin de efectuar su participación de una manera más efectiva y organizada, donde puedan expresar sus intereses, hacer los controles y veedurías necesarias. Dentro de estas se encontrarían los colegios profesionales (art. 26), las organizaciones sindicales y gremiales (art. 39), las organizaciones en las que participan los jóvenes (art. 45), las organizaciones deportivas (art. 52) las instituciones de educación (art. 68), las organizaciones de consumidores y usuarios (art. 78) así como los partidos y movimientos políticos (art. 107) (CConst., C-150 de 2015, M. P. M. González).

En cuarto lugar, la Constitución regula la partición en entidades estatales o en el ejercicio de las funciones públicas. Un ejemplo claro son las instituciones que están a cargo de la protección, la educación y el progreso de la juventud, así como los ciudadanos afectados por decisiones que atenten contra el medio ambiente y permitir la participación de las comunidades en el Consejo Nacional y Consejos Territoriales de Planeación. De la misma manera se permite a los particulares ejercer ciertas funciones públicas, administrar justicia o la configuración de colegios profesionales.

En quinto lugar, se admite que la ciudadanía intervenga directamente con la administración pública e incluso presente acciones que permitan la salvaguarda de sus derechos individuales o colectivos frente a decisiones que puedan tomar los órganos del Estado. Dentro de ello, se contempla el derecho de petición, la acción de tutela, la acción popular, la acción de cumplimiento, etc.

Por último, en sexto lugar, la Constitución Política de 1991 regula la participación equitativa y representativa de los diferentes grupos en la sociedad, con el fin de salvaguardar la pluriculturalidad de la democracia en Colombia.

La Corte Constitucional ha sido enfática en advertir que la participación ciudadana es tanto un valor, principio y fin del Estado como un derecho fundamental que tienen las personas con el objetivo de direccionar las decisiones políticas a conveniencia de todos —no de la mayoría—, pues al salvaguardarlas permite que las entidades y órganos que configuran al Estado no pierdan legitimidad.

Por lo anterior, en el artículo 103 Superior se consagran los mecanismos de participación ciudadana que son "el voto, el plebiscito, el referendo, la consulta popular, el cabildo abierto, la iniciativa legislativa y la revocatoria del mandato", los cuales al ser tan amplios han sido regulados por el Congreso de la República. Por su parte la Corte Constitucional ha exhortado en varias oportunidades al legislador para que efectúe la tarea anteriormente descrita, pero las regulaciones propuestas muchas veces atentan contra los derechos de la participación de la ciudadanía.

La postura de la Corte Constitucional ha sido muy protectora y clara frente a la necesidad de la regulación, pues se ha encargado de conceptualizar todos los mecanismos de participación ciudadana; aunque se entiende que esta labor está reservada al legislador, se evidencia que su postura frente a estos mecanismos carece de la fuerza necesaria, al menos para no dejar a la deriva las diferentes iniciativas de participación de la sociedad.

2. Uso del glifosato en la erradicación de cultivos ilícitos en Colombia y su prohibición

El desarrollo del negocio del narcotráfico en Colombia desde la década de los años 70, trajo consigo la aplicación de medidas impuestas desde los Estados Unidos tendientes a "atacar el mal" desde su cultivo en las extensas e inaccesibles zonas donde inicialmente la marihuana y luego la mata de coca empezaron a ser producidas en grandes extensiones. Una de las principales y más polémicas acciones fue la de asperjar con químicos, las zonas donde yacían tales cultivos.

Debido a la dificultad de acceso, la aspersión se realizaba principalmente por vía aérea rociando agroquímicos desde el aire, con lo cual las afectaciones no solamente eran para los cultivos ilícitos, sino para todas las especies vivas que tocaran tales venenos.

Estas mezclas de herbicidas se utilizaron para erradicar los cultivos de plantas declaradas ilícitas, como el cánnabis, la coca y la amapola dentro del contexto de la Guerra contra la Droga.

Esta medida fue llevada en medio de polémicas y críticas desde diferentes sectores, principalmente campesinos, quienes veían afectados en su salud, el medio ambiente que tuvo que sufrir estas medidas durante décadas antes de que llegara la prohibición. (Torres y Rodríguez, 2022).

Una de las formas de evidenciar su reclamo e inconformidad fue a través de demandas judiciales en contra del Programa de Erradicación de Cultivos Ilícitos (PECIG), las cuales muchas de ellas concluyeron en condenas contra la Policía Nacional de Colombia quien era el operador el Programa.

Debido a que no existían pruebas científicas que probara la responsabilidad patrimonial del Estado, la valoración probatoria certificada por autoridades ambientales y las declaraciones de testigos que daban cuenta de la destrucción de cultivos agrícolas, así como las pruebas indiciarias, fue realizada por los jueces quienes dieron amplio valor probatorio.

Por ejemplo, en una decisión del Tribunal Administrativo de Nariño expresó:

> Si bien es cierto no obra un dictamen científico-técnico que confirme que la destrucción del cultivo en el plenario por los efectos colaterales de la aspersión de glifosato sobre cultivos ilícitos, en el expediente reposan otros elementos probatorios idóneos, concurrentes y pertinentes que estructuran una prueba indiciaria, que permiten establecer una imputación antijurídica del Estado por el daño reclamado (Tribunal Administrativo de Nariño, 2014).

Por último, es importante resaltar que en varias decisiones del Consejo de Estado se ha condenado al Estado, ordenando el pago de indemnizaciones por daños en los cultivos, pero no se ha producido un pronunciamiento que lo condene por daños en la salud de las personas o de los animales, como si se ha producido en Estados Unidos.

2.1. Antecedentes en el uso de la fumigación aérea para la lucha contra el narcotráfico

El uso de la fumigación aérea en Colombia se remonta a finales de la década de los 70', cuando el Ministerio de Justicia abrió la posibilidad de utilizarla en grandes extensiones cultivadas con marihuana, a las que se les esparció vía aérea herbicidas defoliantes como método para destruir tales plantaciones. El objetivo del Gobierno de Turbay Ayala era erradicar alrededor de 19,000 hectáreas de marihuana sembradas en la Sierra Nevada de Santa Marta y la Serranía del Perijá. (Moreno, 2015).

Entre 1978 y 1984 Colombia experimenta con aspersores portátiles e incluso por aspersión aérea con agrotóxicos, como el ácido 2,4-diclorofenoxiacético, el componente «mágico» del Agente Naranja que tanta devastación ocasionó en Vietnam. (Moreno, 2015).

La Contraloría General de la República realizó una Auditoria en 2001 señalando que antes de 1984, se experimentó en la Sierra Nevada de Santa Martha con paraquat, el agrotóxico preferido por Estados Unidos para las fumigaciones en Colombia.

La presión norteamericana fue muy importante y decisiva, al punto que se reunió un comité de expertos en herbicidas convocado por el Instituto Nacional de Salud (INS) a solicitud del Consejo Nacional de Estupefacientes (CNE) en 1984 con expertos internacionales para tratar sobre las implicaciones en la salud humana del herbicida Paraquat, Glifosato y 2,4-D. Se concluyó que desde el punto de vista de la salud humana y del impacto del medio ambiente, el método químico debía ser el último en considerarse.

Bajo el mandato del presidente Belisario Betancur, el 14 de mayo de 1984 el Consejo Nacional de Estupefacientes apoyó la fumigación de cultivos de marihuana con productos químicos y recomendó su aprobación final por parte del Consejo de Ministros.

A pesar de conceptos adversos de expertos en el área, del Ministro de Salud, del Instituto Nacional de Salud y del Inderena, el 1° de junio de 1984 el Ministro de Justicia Enrique Parejo González autorizó al Director General de la Policía Nacional para fumigar los cultivos de marihuana con glifosato. Esta decisión se tomó casi en secreto tras el magnicidio del Ministro de Justicia Rodrigo Lara Bonilla (30 de abril de 1984) y bajo una fuerte presión del gobierno norteamericano. (Moreno, 2015).

De esta forma, el CNE autorizó el 4 de julio de 1984, la fumigación experimental de dos hectáreas, iniciando la fumigación masiva y continua de dichos cultivos entre julio y septiembre, primero contra cultivos de marihuana y luego contra los de coca y amapola.

Esta práctica de aplicar herbicidas en el medio ambiente de forma generalizada tuvo rechazos en la Costa Atlántica (Hidrovo, 2004), donde la población se movilizó rechazando de manera férrea y criticando tal medida, pero sin ningún resultado. Se exigió al Gobierno la revisión de los venenos utilizados para detectar sus efectos y evitar la fumigación con glifosato las áreas que correspondieran a reservas de Parques Nacionales como a reservas indígenas. Sin embargo, el presidente Betancur no atendió el clamor de la Fundación Pro-Sierra Nevada de Santa Marta, creada en 1986 para proteger este patrimonio nacional, tras el descubrimiento en 1976 de Ciudad Perdida, construcción realizada entre los años 650 -700 d.C. por las comunidades indígenas Tayrona.

Lamentablemente la Sierra Nevada de Santa Marta, reserva de la Biosfera y Patrimonio de la Humanidad, fue fumigada intensamente hasta el 2006, inicialmente por los cultivos de marihuana y posteriormente por la coca. (Tacuma, 2020, p.4).

El Estado justificó su decisión de fumigar con herbicidas las plantaciones ilegales en la guerra declarada por el narcotráfico contra Colombia. Posteriormente, luego de más de tres décadas de esta fallida política, se dieron a conocer documentos secretos de los Estados Unidos liberados por la Ley de Libertad de Información (FOIA), en el que se reveló que la preocupación ha sido vincular la insurgencia armada con los cultivos ilícitos. (Moreno, 2015).

La práctica de la fumigación aérea contra cultivos de uso ilícito ocasionó, además de daños en el medio ambiente (contaminación de ríos, muerte de la flora y fauna), el desplazamiento de los cultivos ilegales hacia nuevas áreas más alejadas obligando a la población a internarse a zonas más inaccesibles con alta riqueza en biodiversidad. (Calvani, 2002).

Asimismo, la fumigación aérea sobre los cultivos de uso ilícito afectaba también sus zonas adyacentes, debido a la acción de los vientos y lluvias que facilitaban su dispersión hacia poblados humanos, cultivos lícitos, fauna y bosques que no estaban involucrados con el tema del narcotráfico. (Quimbayo, 2008).

Los sucesivos gobiernos de Colombia (desde Betancur en 1984 cuando se iniciaron las fumigaciones, hasta Duque que por orden judicial debió finalizar), mantuvieron una férrea posición en defensa de las fumigaciones con glifosato, tanto por presión norteamericana al implementar el denominado "Plan Colombia" en la lucha antidrogas, como por ser la salida más fácil que arrasa no solo los cultivos ilícitos sino todo lo que estaba a su alrededor.

No fue sino hasta el fallo del Consejo de Estado del 11 de diciembre 2013 (rad. 2004-00227-01), que se obligó a aplicar el Principio de Precaución frente a la aspersión de glifosato en los Parques Naturales y declaró la nulidad del parágrafo segundo del artículo 1° de la Resolución 0013 del 2003 del Consejo Nacional de Estupefacientes que permitía aplicar el Programa de Erradicación de Cultivos Ilícitos (PECIG) con el herbicida Glifosato en los Parques Naturales.

Luego vendrían los fallos de la Corte Constitucional (Sentencias T-236 del 2017 M. P. Arrieta Gómez y T-300 del 2018 M. P. Rojas Ríos) en las que concluyó que, en principio, el glifosato es una sustancia tóxica que puede causar cáncer u otras afectaciones a las células humanas, dependiendo del nivel de exposición y su uso podría estar relacionado con el aumento de enfermedades en los territorios donde es esparcido.

En la primera sentencia citada, la Corte ordenó al Consejo Nacional de Estupefacientes no reanudar el Programa de Erradicación de Cultivos Ilícitos mediante aspersión aérea con glifosato (PECIG) y le impuso al gobierno del presidente Iván Duque Márquez, una serie de requisitos para poder reanudar las fumigaciones, como el diseño y aplicación de un proceso en donde se le diera participación a las comunidades que pudieran estar afectadas, y en el que se realizara una regulación independiente, basada en la evaluación de la evidencia "objetiva y concluyente" que demostrara la ausencia de daño a la salud y al medio ambiente.

El gobierno Duque insistiría con su plan de fumigación, por lo que expidió el Decreto 380 de 2021 del Ministerio de Justicia, el cual buscaba controlar los riesgos para la salud y el medio ambiente en el marco de la erradicación de cultivos ilícitos mediante el método de aspersión aérea. Sin embargo, hubo bastante oposición tanto política como jurídica, por lo que finalizó su gobierno y con la entrada del gobierno del presidente Gustavo Petro el 7 de agosto de 2022 se cerró definitivamente la posibilidad de reiniciar las aspersiones.

2.2. *Afectaciones al medio ambiente y salud del ser humano por causa del glifosato*

Una de las razones principales para la suspensión y posterior prohibición del herbicida aplicado por vía aérea en Colombia, giraba en torno a las afectaciones al medio ambiente y a la salud del ser humano, debido a que dichas aspersiones generaban complicaciones respiratorias para las personas cuando se encontraban cercanas a los cultivos ilícitos asperjados.

En cuanto a la salud, los entes y comunidades aledañas a dichos cultivos se alarmaron en el momento en que la Organización Mundial de la Salud (OMS) concluyó en el año 2015 que, el Glifosato podía ser catalogada como una sustancia cancerígena. *"El herbicida glifosato y los insecticidas malatión y diazinón fueron clasificados como probablemente cancerígeno para los humanos (Grupo 2A)"* (Organización Mundial de la Salud, 2015) (Traducido al español).

Según el Centro Internacional de Investigaciones sobre el Cáncer (CIIC) de la Organización Mundial de la Salud (OMS), el hecho de estar clasificado dentro del Grupo 2ª implica que existe una relación entre la exposición del agente al cáncer.

Es decir que, según el comunicado del ente mundial de la Salud, el Glifosato es una sustancia que cuenta con una asociación positiva entre los elementos de los que está compuesto y los sujetos a los que podría estar expuestos el plaguicida.

El comunicado de la OMS marcó un punto crucial para la suspensión y posterior prohibición del glifosato, debido a que en el país se pudo evidenciar un desconocimiento en cuanto a sus componentes y la forma como se estaba llevando a cabo dichas aspersiones.

A nivel académico, existen varias publicaciones científicas en las que se evidencia la relación entre ciertas manifestaciones del cáncer y el glifosato. La Agencia Internacional para la Investigación del

Cáncer (IARC)[1] declaró en 2015 que el glifosato es probablemente cancerígeno para los seres humanos, señalando una asociación positiva con el linfoma no Hodgkin (LNH).

Los principales datos en humanos sobre el glifosato y el LNH provienen de cinco estudios de casos y controles y dos estudios de cohortes. Los estudios de casos y controles corren el riesgo de sufrir un sesgo de recuerdo resultante de la recopilación de información sobre la exposición a pesticidas de casos y controles en función de sus recuerdos.

Además, dos de los estudios de casos y controles corren el riesgo de sufrir una forma de sesgo de selección que puede exacerbar el efecto del sesgo de recuerdo. Ambos prejuicios apuntan a hacer que el glifosato parezca cancerígeno.

La IARC —International Agency for Research on Cancer— concluyó que el glifosato era probablemente cancerígeno para los humanos y que evidencia de la carcinogenicidad del glifosato en humanos era "limitada", pero la evidencia en animales de experimentación era "suficiente". Crump, Crouch, Zelterman, Crump y Haseman (2019) completaron análisis exhaustivos de los datos de diez bioensayos en roedores, que incluyeron todos los estudios en animales que la IARC consideró que proporcionaban evidencia de la carcinogenicidad del glifosato. (Crump, 2019).

No encontraron pruebas sólidas de que el glifosato sea un carcinógeno animal. La principal causa de la discrepancia entre el hallazgo de la IARC y el de Crump et al. parece ser que la IARC no tuvo en cuenta la gran cantidad de pruebas estadísticas realizadas en los bioensayos que revisaron y el resultante problema de comparación múltiple. (Crump, 2019).

---

1 La Agencia Internacional para la Investigación del Cáncer (IARC), miembro de la Organización Mundial de la Salud (OMS), es una organización internacional dedicada a evaluar el riesgo de desarrollar cáncer debido al contacto con sustancias químicas. Se puede consultar su página web: https://www.iarc.who.int/

A nivel internacional es también importante citar el veredicto dictado por un jurado de Pensilvania (Estados Unidos) de fecha 26 de enero de 2024, en el que condenó por US$ 2.250 millones a la multinacional Monsanto y su empresa matriz Bayer, luego de comprobar que su producto herbicida Roundup causó cáncer a un hombre que usó el producto por muchos años.

El demandante llamado John McKivison, (49 años) le fue diagnosticado linfoma no Hodgkin, por lo que instauró demanda contra Monsanto arguyendo que desarrolló el cáncer después de usar Roundup en su propiedad durante dos décadas.

Después de un largo y mediático proceso, el Tribunal de Apelaciones Comunes de Filadelfia concluyó que Roundup es un producto defectuoso que causa cáncer; Monsanto fue negligente y no advirtió sobre los peligros del herbicida.

El jurado impuso una condena de 50 años de mala conducta a Monsanto como reflejo de su desprecio por la seguridad humana y una causa sustancial del cáncer demandante. Después de conocerse esta decisión, cientos de pacientes con linfoma no Hodgkin comenzaron a demandar a Monsanto, luego de que un informe de la Organización Mundial de la Salud de 2015 sugiriera que el glifosato, el ingrediente clave del Roundup, podría causar cáncer.

Sin embargo, la Agencia de Protección Ambiental de EE. UU. (United States Environmental Protection Agency –EPA–), afirmó en 2020 que no había determinado riesgo alguno que llevara a tomar precauciones por la afectación sobre la salud humana cuando el glifosato se usa de acuerdo con su etiqueta actual (EPA, 2020). En el mismo sentido, la Comisión Europea también determinó en 2023 que no hay evidencia para clasificar el glifosato como cancerígeno.

Teniendo en cuenta que los estudios apuntaban a una probabilidad del origen del cáncer por el uso del glifosato sin que los estudios fueran absolutos y concluyentes, el gobierno de Duque fue bastante insistente en la reanudación de la fumigación.

El hecho de acabar con los cultivos es una acción mínima frente a las razones reales y contundentes de todo el proceso de producción de sustancias alucinógenas. Los principales motivos que se pudieron evidenciar con los mecanismos de participación se centraban en las pocas oportunidades con las que contaban las familias campesinas y productores que se dedicaban a la producción de dichos cultivos.

Con esto es posible evidenciar que los encargados de supervisar todo el proceso de los cultivos ilícitos no eran delincuentes ni potenciales narcotraficantes. Eran familias campesinas ignoradas por un Estado, que no evaluó las razones reales de una problemática tan grande como lo es el cultivo ilícito de marihuana y cocaína, sino que, por el contrario, permitieron en el país una sustancia poco estudiada y experimentada que buscaba no terminar de raíz dichos eventos con mejores oportunidades a las familias campesinas, alternativas que pudieran permitir que dichos productores prefirieran no dedicarse al cultivo ilícito de sustancias alucinógenas, sino terminar de golpe una actividad que era simplemente una pequeña parte del conflicto real que ha perseguido al país por más de 50 años.

En el ámbito nacional se han desarrollado también estudios sobre el impacto del glifosato en la salud humana. Un estudio realizado por el Centro de Derechos Reproductivos y la Universidad del Valle demostró que, en muchos casos, estar expuesta continuamente a este herbicida podía generar abortos involuntarios.

Para entender uno de los daños como lo es el efecto del aborto, es preciso entender primero el concepto de la salud reproductiva. Según Univalle, esta debe ser definida como "un estado general de bienestar físico, mental y social, y no de mera ausencia de enfermedades o dolencias, en todos los aspectos relacionados con el sistema reproductivo, sus funciones y procesos". (Centro de Derechos Reproductivo y Univalle, 2020).

Lo anteriormente citado hace referencia a todos los factores que encierra el concepto de Salud Reproductiva, pues tal como lo define el Centro de Derechos Reproductivos, desprende consecuencias y aspectos sociales, físicos y mentales. Precisamente, el tema del aborto involuntario abarca estos tres factores ya expuestos.

Esto se debe a que una mujer en estado de embarazo es mucho más susceptible de generar cualquier tipo de complicaciones en estos tres campos. Cuando se produce tal complicación debido a una acción gubernamental, se evidencia una completa vulneración de sus derechos tanto como persona como por mujer.

Lo anterior, se puede ver reflejado en varios casos que han llegado hasta las instancias judiciales nacionales e internacionales, como el de Yaneth Valderrama habitante del municipio de Solita en el departamento del Caquetá, quien contaba con 4 meses de embarazo cuando la Policía realizó un operativo de aspersión aérea con glifosato el 28 de septiembre de 1998 cercano al lugar donde vivía, lo cual le ocasionó problemas respiratorios. La afectada tuvo que ser sometida a un legrado uterino por contar con un aborto incompleto, pero a pesar del procedimiento médico que le realizaron, falleció.

Este caso fue llevado a instancias judiciales en el año 2000, pero un juez de primera instancia en el año 2007 concluyó que no había responsabilidad del Estado. El esposo de la fallecida apeló la decisión y casi un año después, en el año 2008, el Tribunal confirmó la sentencia. Ante la negativa judicial colombiana, se acudió al Sistema Interamericano, donde inició su trámite varios años después.

La Comisión Interamericana de Derechos Humanos declaró la admisibilidad del caso en 2018 por la posible vulneración de los derechos a la vida (art. 4), la integridad personal (art. 5), la circulación y residencia (art. 22), la igualdad ante la ley (art. 24), la protección judicial (art. 25) y los derechos económicos, sociales y culturales (art. 26) de la Convención Americana de Derechos Humanos[2].

Debido a los diferentes problemas en la salud tanto madres como en los hijos a causa del glifosato, en el año 2019 la Federación In-

---

2 Comisión Interamericana de Derechos Humanos CIDH (2018). Informe No. 76/18 Petición 1453-08 Informe de Admisibilidad Yaneth Valderrama y familia contra Colombia.

ternacional de Ginecología y Obstetricia (International Federation of Gynecology and Obstretic –FIGO–) recomendó la prohibición global de esta sustancia con el objetivo de ir afín con el principio de precaución. Y es que justamente este precepto de precaución permite evidenciar las posibles señales de riesgo que se pueden presentar en un determinado escenario. (FIGO, 2019).

Sin embargo, en este caso, el Estado no ha cumplido su obligación de la ley estatutaria a la salud con relación a la protección de la misma en cuanto a "la abstención de afectar directa o indirectamente el disfrute del derecho a la salud, adoptar decisiones que lleven al deterioro de la salud de la población, realizar cualquier acción u omisión que pueda resultar en un daño en la salud de las personas". (Boletín de Semillas Ambientales, 2019).

Con lo anteriormente expresado se puede evidenciar, que la decisión de permitir el uso del glifosato en el escenario de erradicación de cultivos ilícitos de marihuana y coca no fue estudiada en todos sus aspectos que encierra el derecho a la salud y los derechos que se desprenden del mismo. Las acciones del gobierno sólo reflejan el hermetismo en cuanto a su objetivo: solucionar de una forma inmediata y contundente una problemática que, como ya se ha dicho anteriormente, no es nueva y contiene muchas ramificaciones que permiten comprender que, más allá de la producción de estos cultivos, se encuentra la vida y a la salud de los campesinos que viven en el entorno de sembradíos ilegales.

Otro ámbito que tal vez no se ha tenido en cuenta al momento de la aspersión aérea del mencionado herbicida ha sido la afectación medioambiental, pues las repercusiones del glifosato han tenido gran incidencia en la naturaleza y en lo seres vivos que tienen contacto directo o indirecto con la fumigación.

Por un lado, una de las afectaciones ambientales gira en torno a la contaminación de las fuentes hídricas que ocasiona la aspersión aérea del herbicida, ya que se puede mover hacia los diferentes ríos y arroyos afectando así a las personas que dependen de estos para su uso personal y para el riego.

Es inevitable relacionar la salud del medio ambiente con la salud de los seres humanos, pues estos dos aspectos de cualquier manera están estrechamente ligados. Si el medio ambiente no es sano, puede afectar el sistema respiratorio de las personas que se encuentran ubicados en los lugares contaminados.

Un ejemplo claro de esta problemática radica en el corredor de Puerto Vega–Teteyé en el departamento del Putumayo, donde se ha documentado la afectación de los habitantes que le ha costado la vida a varios líderes que se dedican a proteger y luchar por su derecho al agua potable. En este caso, se evidenciaron diversos casos de contaminación del agua por petróleo y glifosato. (Asociación Ambiente y Sociedad, 2022).

En el caso del herbicida, dicha contaminación se había generado por la aspersión del glifosato con el fin de erradicar cultivos ilícitos de coca. Por tal motivo, empresas como Gran Tierra Energy suministraron agua a las comunidades por medio de carrotanques. No obstante, no es una solución a largo plazo para estas personas. “Estas situaciones se han venido presentando desde hace al menos 18 años, generando contaminación de las fuentes hídricas y disminución de fuentes de agua potable. Para el caso de la contaminación del agua, la organización HumanRights (2020) señaló que en estudios como el adelantado por la Organización Terrae en la zona, encontraron cadmio, plomo y arsénico en los caños de la zona”. (Instituto Amazónico de Investigaciones Científicas, 2022, p.5).

Las complicaciones por la contaminación del agua impactan en múltiples aspectos que afectan no sólo la salubridad de las personas que la consumen, sino también al entorno que incluye la vida en todas sus manifestaciones. Se evidencia una desprotección de las comunidades por la incapacidad del Estado de asumir la protección de estas en todo el territorio nacional.

Otro aspecto que afecta al medio ambiente se relaciona con la forma indiscriminada en que el herbicida es esparcido sin que sea posible seleccionar un sector determinado, pues al asperjarlo por vía aérea, la velocidad de la aeronave y los mismos vientos modifican la trayectoria, acabando de esta forma con otras plantas, cultivos o vida silvestre.

El glifosato también puede tener un impacto directo en las plantas no-objetivo en los entornos donde es utilizado, a través del desvío de la pulverización o la sobre pulverización deliberada. Esto podría conducir a la pérdida de especies raras o en peligro de extinción, o a una reducción general en la diversidad y la cantidad de especies. (Torres Romero, 2021, p.33).

La afectación de plantas y animales que se encuentran en el entorno es uno de los más graves efectos colaterales por la aspersión aérea del glifosato. Una de las problemáticas que ataca directamente es la expansión de la agricultura a territorios protegidos para la conservación de flora y fauna, debido a que las autoridades policivas no tienen los suficientes medios para la erradicación de los cultivos ilícitos, además del grave riesgo a que se ven sometidos por la presión de los grupos ilegales. Dicha expansión generó la migración de diferentes especies en busca de mayor protección en sus hábitats.

Tal como se ha expuesto anteriormente, el glifosato puede generar afectaciones en el suelo, en las fuentes hídricas, en la flora y fauna del país, pero también en los cultivos que contribuyen a la biodiversidad del país. En el caso de los cultivos, los herbicidas, que tienen como objetivo específico el control de malezas de hojas anchas o gramíneas, a menudo contienen componentes, como el glifosato, que pueden tener efectos devastadores en una amplia variedad de arbustos y otras plantas.

Esta situación lleva a que los agricultores no realicen una rotación adecuada de los productos químicos, lo que puede facilitar la aparición de microorganismos perjudiciales. El ingrediente activo, el glifosato, perpetúa la existencia de especies contaminantes, lo que afecta de manera significativa a los cultivos en términos de la formación de razas, la clasificación de los cultivos y la aparición de nuevas especies. (Caicedo, 2021).

En conclusión, se puede afirmar que el Estado tiene un papel vital en la protección de la salud de las personas y en el cuidado del medio ambiente, por lo que ha sido un contrasentido que se haya otorgado mayor importancia a la erradicación de cultivos ilícitos de forma indiscriminada por vía aérea, sin tener precaución en la generación de efectos colaterales.

Las complicaciones que ha generado el glifosato a nivel mundial han llevado a su restricción o prohibición en muchos países, por sus posibles impactos negativos en la salud humana y el medio ambiente.

2.3. Avances y retrocesos en el uso del glifosato a nivel internacional

El uso del glifosato ha causado fuertes controversias por sus efectos negativos, lo que ha generado una tendencia mundial para establecer una prohibición en su utilización, debido a las investigaciones realizadas que arrojan altas probabilidades de ser cancerígeno. Sin embargo, el producto es aún utilizado de forma generalizada.

Como ya se indicó, el Centro Internacional de Investigaciones sobre el Cáncer de la Organización Mundial de la Salud Sustancia, incluyó en 2015 el famoso "Roundup" (marca comercial) de la multinacional Monsanto como "carcinógeno probable". Por el contrario, la Agencia Europea de Sustancias y Preparados Químicos consideró en 2022 que las pruebas científicas disponibles no llevaban a clasificarlo como carcinógeno.

A raíz de este confuso y poco certero panorama, en el mundo empezaron a surgir restricciones para el uso de este herbicida, pero los avances son conservadores debido a que existen reemplazos iguales de eficaces.

En algunos países de Latinoamérica se han dado pasos certeros hacia su restricción con resultados bastante pobres. En México, por ejemplo, se usa el glifosato de manera extendida desde 1981, siendo el sureste del Estado donde más se aplica este herbicida, por su clima tropical.

El país azteca se comprometió en 2021 a iniciar un proceso de restricción progresiva del glifosato para llegar hasta su prohibición total a partir del 31 de marzo 2024. Sin embargo, el gobierno mexicano decidió posponer la prohibición del glifosato ante la falta de una alternativa viable que garantice el buen desarrollo del sector agrícola en el país El gobierno de México confirmó que no es posible la entrada en vigor del decreto de 2023 que se prohibía la compra, venta e importación del glifosato a partir del 1° de abril de 2024. (Portafolio, 01 abr. 2022).

El caso de Argentina es muy particular, ya que, en vez de disminuir su uso, este se ha incrementado en cuenta a la comercialización de agrotóxicos entre el año 2019 y 2020. Importantes líderes de poblaciones aledañas a estas aspersiones han protestado incansablemente por la prohibición del Glifosato debido a que ha generado diferentes muertes y enfermedades a sus familiares durante el tiempo en que realizaban dichas fumigaciones a cultivos de Soja y demás.

En este país austral, las normas municipales son muy excluyentes para la aplicación de agroquímicos, siendo dos casos particulares los que se destacan frente al glifosato. La provincia de Chubut fue la primera que aprobó mediante una ley provincial avanzar en ese sentido, aunque el uso del herbicida allí es casi nulo.

Por su parte la provincia de Misiones, a partir de un proyecto impulsado por el gobierno provincial, se logró prohibir en 2018 su uso en los centros poblados y posteriormente se avanzó para lograr lo mismo en las zonas rurales. El objetivo finalmente se plasmó, ya que en 2025 la provincia debería dejar de aplicarlo, lo que preocupa a los campesinos pues no cuentan con un sustituto. (Infobae, 06 jun. 2019).

En Colombia, las fumigaciones con glifosato para destruir las plantaciones de coca se suspendieron por razones sanitarias en 2015, se trataron de reactivarlas en 2015, pero a raíz de varios fallos judiciales se suspendió tal iniciativa. En 2022 quedó prohibida la aspersión en virtud de una decisión política tomada por el presidente Petro.

En Brasil, el glifosato fue el motivo de una fuerte batalla judicial en 2018, cuando un juez ordenó la suspensión de los nuevos productos que tuvieran contenido de glifosato. Posteriormente un tribunal a cargo del gobierno anuló su decisión. En El Salvador, el herbicida formó parte de una lista de 53 productos agrícolas prohibidos en 2013. Posteriormente se levantó su prohibición. (France 24, 20 sept. 2023).

En Estados Unidos la multinacional Monsanto y su empresa matriz alemana Bayer ha estado involucrada durante años en varios y costosos procedimientos judiciales relacionados con el uso del herbicida Roundup. En 2020 el grupo llegó a un acuerdo de 10.000 millones de dólares para saldar las demandas de antiguos usuarios. (El País, 21 sept. 2023).

Sin embargo, en este país el glifosato se sigue comercializando libremente, aunque existen ciertas restricciones locales que limitan su aplicación. En 2019, la Agencia de Protección Ambiental de Estados Unidos reafirmó que no es "probablemente cancerígeno para los seres humanos".

En el país del norte, cada estado de la Unión americana ha adoptado restricciones o permisiones. Es así como Alaska es uno de los siete estados que permite a las jurisdicciones locales elaborar sus propias políticas de pesticidas.

En Arizona están presionando al estado para que prohíba ciertos pesticidas debido a sus efectos negativos en las poblaciones de abejas. En el estado de California, 24 ciudades y condados prohíben o restringen el glifosato. Connecticut aprobó la Ley Pública 09-56 para eliminar el uso de pesticidas y herbicidas en las escuelas K-8 y en varias ciudades se han prohibido o restringido el uso de glifosato.

En la Florida, varias ciudades lo prohibieron entre otras Miami. En Illinois varias ciudades tomaron la decisión de prohibir el glifosato entre otras, Chicago. Esta tendencia restrictiva puede ir aumentando con la condena contra la multinacional Monsanto.

En Europa, la Comisión Europea decidió en noviembre de 2023 que aprueba el uso del glifosato en toda la Unión Europea durante otra década, después de que los Estados miembros no llegaran a un acuerdo, ya que países como Italia o Francia se han abstenido de votar y España ha por su parte sí ha votado a favor de la prohibición. (Euronews, 16 nov. 2023).

El cuerpo colegiado expresó debido a las exhaustivas evaluaciones de seguridad llevadas a cabo por la Autoridad Europea de Seguridad Alimentaria (EFSA) y la Agencia Europea de Sustancias y Preparados Químicos (ECHA), junto con los Estados miembros de la UE, se tomó la decisión de renovar la aprobación del glifosato por un periodo de 10 años, bajo algunas restricciones, como por ejemplo su prohibición para el uso como desecante antes de la cosecha y la obligatoriedad de tomar medidas rigurosas para proteger a los organismos que no son su objetivo.

En la Unión Europea (UE), desde hace años se abrió el debate sobre el uso o restricción del glifosato, sin que se haya llegado a su prohibición, pero ha estado sometido a renovaciones periódicas de autorización. La última autorización se dio con fecha límite de mediados de diciembre de 2023. La Comisión Europea propuso renovar tal autorización en la UE por un período de diez años, sujeto a condiciones. (France 24, 20 sept. 2023).

En julio de 2023, la Autoridad Europea de Seguridad Alimentaria expidió un informe de viabilizó la prolongación de esta ampliación, a pesar de existir un alto riesgo a largo plazo para los mamíferos.

Luxemburgo, que había prohibido la comercialización del producto a finales de 2020, tuvo que dar marcha atrás en 2023 por decisión judicial. En situación muy parecida está Austria, donde a finales de 2019 anuló una votación parlamentaria que prohibía el glifosato a partir de 2020 en virtud de un error procedimental. (Euronews, 04 feb. 2020).

En Francia, el presidente Macron se había comprometió en 2017 a prohibir el glifosato a más tardar a inicios de 2021; sin embargo, posteriormente se retractó. En 2020, la agencia sanitaria francesa Anses anunció restricciones progresivas para su uso en la agricultura, pues por parte de particulares está prohibido desde 2019. (El País, 21 sep. 2023).

En Países Bajos y Bélgica la utilización del glifosato está prohibida para todos sus ciudadanos. Portugal por su parte, el uso está prohibido en los espacios públicos. En la República Checa se han expedido limitaciones, pero no tiene prohibición expresa desde 2019. (Euronews, 16 nov. 2023).

Alemania tiene previsto prohibir el glifosato a finales de 2023. Las primeras limitaciones entraron en vigor en 2020 con una prohibición en los espacios públicos (parques, campos de deportes, escuelas, etc.) y en los jardines particulares. (France 24, 20 sept. 2023).

El 27 de diciembre de 2023, el Ministerio Federal de Alimentación y Agricultura de Alemania publicó una normatividad de emergencia sobre el glifosato, la cual suspendía su prohibición y regulaba las restricciones existentes para su libre uso. Esta Ley entró en vigor el 1º de enero de 2024 y permanecerá vigente durante seis meses hasta el 30 de junio de 2024, cuando expiren las restricciones y sanciones vigentes anteriormente sobre el uso de este herbicida.

El gobierno anterior en 2021 expidió el Reglamento de Aplicación de Protección Fitosanitaria, en el que estableció una prohibición total del glifosato a partir del 1º de enero de 2024. La renovación de la aprobación del ingrediente activo pondría su prohibición nacional en flagrante violación de la ley europea.

Con la nueva aprobación, el ajuste se hace indispensable a más tardar para fines de 2024 y la situación jurídica sólo podrá ajustarse mediante decreto de emergencia para evitar el inicio de procedimientos de infracción por parte de la Comisión Europea y litigios por fabricantes y usuarios a nivel nacional. (Agribusinessglobal, 4 ene. 2024).

En el continente asiático, países como Sri Lanka prohibió el uso del herbicida desde junio de 2015, debido que existían fuerte indicios de ser el causante una nueva enfermedad crónica en los riñones de los habitantes de las zonas productoras de arroz. Sin embargo, frente a la ausencia de investigaciones que ligaran directamente el glifosato con esta enfermedad, la interdicción se levantó parcialmente en mayo de 2018 y se suprimió completamente en noviembre de 2021. En abril de 2019, Vietnam anunció una prohibición de su uso, que entró en pleno vigor a mediados de 2021. (France 24, 20 sep. 2023).

En ciudades de ciertos Estados asiáticos han restringido parcialmente el uso del glifosato, como Omán en Arabia Saudita, Kuwait en los Emiratos Árabes Unidos, Bahrein y Catar, en el Medio Oriente. (Agribusinessglobal, 03 mar.2020).

2.4. Prohibición legal del uso del glifosato en Colombia.

Colombia se ha convertido un campo de batalla en la lucha contra los cultivos ilícitos, y en el centro de la polémica se encuentra el glifosato, un arma química que ha desatado un debate candente debido a sus devastadores efectos en la salud humana y el medio ambiente. Como respuestas a estas preocupaciones, el gobierno colombiano tomó la decisión de prohibir legalmente el uso del glifosato en ciertos contextos, desencadenando una serie de consecuencias tanto a nivel nacional como internacional.

Estas medidas, más allá de conseguir un hito en la política del país, plantean también cuestionamientos cruciales sobre el equilibrio entre la producción, y las consecuencias de su erradicación. De esta manera profundizaremos en la prohibición, examinado las motivaciones detrás de las decisiones y evaluando sus implicaciones en la nación.

El glifosato en Colombia ha sido el control de muchos gobiernos para la lucha contra el narcotráfico como lo demuestra el aumento del 43 % en el área sembrada con coca en el país, según el Sistema Integrado de Monitoreo de Cultivos ilícitos (SIMCI) de la Oficina de la Naciones Unidas contra la droga y el delito. (UNODC, 2022).

Colombia ha sido uno de los mayores consumidores de glifosato a nivel mundial, aunque se registró una reducción en el área con coca entre 2017 y 2020, gracias a la erradicación forzosa, el 2021 trajo consigo un nuevo aumento, especialmente en territorios vulnerables, zonas fronterizas y áreas con acceso directo al mar.

Este resurgimiento se ha visto acompañado por la consolidación de nuevos grupos criminales como el Clan del Golfo o el Estado Mayor Central de las disidencias de las Farc. Es evidente la capacidad de adaptación de quienes se dedican al cultivo ilícitos, así como la respuesta insuficiente de la estrategia gubernamental para abordar de manera efectiva las dinámicas de terminar con el narcotráfico.

El uso intensivo de glifosato, al ser un agroquímico, no solo contamina el medio ambiente, sino que también afecta gravemente los ecosistemas acuáticos, siendo las zonas rurales sometidas a aspersiones las más perjudicadas (Jimenez,2021), pues como se ha afirmado su uso intenso ha generado legítimas preocupaciones sanitarias y ambientales, así como efectos negativos respaldados por estudios demuestran la contaminación de fuente de agua, la degradación de los suelos, perjuicios en la vida silvestre[3].

Además, este herbicida puede afectar cultivos no destinados a su uso, debido a que las altas concentraciones de glifosato han sido asociadas con impactos adversos para la salud humana. Un estudio de la Organización mundial de la salud (OMS) ha revelado que el glifosato puede generar cuatro tipos de cáncer, trastornos endocrinos, daños al sistema reproductivo y efectos neurotóxicos.

A pesar de estos riesgos conocidos, Colombia ha utilizado el glifosato en operaciones de erradicación de cultivos de coca; también se ha asociado con el desplazamiento forzado, ha obligado a familias entera a abandonar sus tierras en busca de seguridad y refugio, desencadenando así una crisis humanitaria. Es evidente que no solo afecta la salud y el entorno natural, sino que también tienen implicaciones profundas en la vida y el bienestar de las comunidades locales.

---

3 Sobre este punto se pueden consultar los siguientes estudios: Jurado Quintero, J.M. Usos y efectos del glifosato en Colombia. Tesis de maestría. Universidad Mariana; Varona M. y otros. (2009). Evaluación de los efectos del glifosato y otros plaguicidas en la salud humana en zonas objeto del programa de erradicación de cultivos ilícitos. Revista Biomédica vol. 29 no.3 Bogotá Julio /Sept. 2009; Moná Nieto, J.P. (2018). Impactos ambientales y efectos en la salud humana generados a partir del uso de glifosato. Revista Salud Pública CES Vol. 9 Núm. 2 (2018), entre muchas otros.

Bajo este contexto, los grupos indígenas también han sido directamente afectados por la fumigación con glifosato en sus territorios, incluso cuando sus cultivos no son ilícitos, o son de coca, pero con finalidades diferentes a la producción de cocaína. Las comunidades afrodescendientes e indígenas tienen un derecho fundamental a ser informados y consultados antes de cualquier acto administrativo o legal que pueda afectarles, la consulta previa se fundamenta como un derecho esencial para proteger su identidad cultural, social y económico, y garantizar su participación en cualquier circunstancia.

Esta problemática ha sido judicializada y han sido los jueces administrativos quienes se han pronunciado, estableciendo la responsabilidad del Estado. Un ejemplo fue la condena contra el Estado colombiano impuesta por el Consejo de Estado en una acción judicial incoada por ciudadanos del municipio de Algeciras (Huila), debido a los daños producidos sobre un cultivo de lulo debido a la aspersión aérea dirigida a cultivos ilícitos. Con ponencia del magistrado Ramiro Pazos, la Sala logró determinar el nexo de causalidad entre la actividad legítima de la administración y los efectos de la lesión ambiental concretada en un daño antijurídico padecido por el demandante e imputable a la entidad demandada, es decir a la Policía Nacional. (Consejo de Estado, 2014).

En este fallo, la Corporación dispuso que el demandante tramite un incidente a fin de que el Tribunal del Huila determine el valor de la indemnización que debe recibir el señor Luis Elí Medina.

Igualmente, le ordenó a la Dirección de Antinarcóticos de la Policía Nacional identificar y delimitar previamente las áreas de cultivos ilícitos para poder hacer fumigación con glifosato y así poder adoptar medidas técnicas que permitan mitigar o evitar eventuales daños colaterales.

El panorama de esta problemática deja evidenciar los distintos actores involucrados en la controversia del glifosato, donde el Gobierno, por un lado, empleó este herbicida como herramienta para combatir el narcotráfico con el fin de reducir la producción de cultivos ilícitos; sin embargo, hay otros sectores de la sociedad que abogan por limitar o eliminar completamente su uso, argumentando la preservación del medio ambiente y la salvaguarda de la salud de los ciudadanos.

La preocupación por los riesgos nocivos asociados al glifosato ha generado un llamado urgente para proteger a la población. Además, esta discusión conllevaría a la revisión de las políticas públicas en la lucha antidrogas y sus consecuencias.

La complejidad de esta problemática se evidencia en la intersección de preocupaciones ambientales, de salud y sociales, generando tensiones significativas. En el 2015, el Ministerio de Salud solicitó la suspensión de uso de este producto por implicar un potencial riesgo para la salud humana, todo bajo el sustento de un informe de la Organización Mundial de la Salud (OMS).

Desde la justicia constitucional, la Corte Constitucional en 2017 apoyándose en el principio de precaución, planteó serias dudas sobre la eficacia y transparencia del programa. La imposición de seis condiciones para reanudar el PECIG, aunque busca abordar preocupaciones válidas, genera desconfianza sobre su capacidad real para proteger la salud y el medio ambiente. La necesidad de una regulación independiente y la continua evaluación del riesgo subrayan deficiencias percibidas en el enfoque y la implementación del programa, cuestionando su idoneidad y eficacia (CConst, T-236 de 2017, M. P. A. Arrieta Gómez).

La prohibición se originó en una decisión de la Corte Constitucional relacionada con la comunidad en Nóvita (Chocó), que exigía consulta previa y condiciones específicas. La tutela concedió la tutela de los derechos fundamentales a la consulta previa de las comunidades indígenas y afrodescendientes asentadas en tal municipio, así como del derecho a la salud y al ambiente sano.

El fallo ordenó al Gobierno adelantar un proceso de consulta con las comunidades étnicas de Novita, debiéndose completar en un periodo de sesenta (60) días hábiles contados a partir de la notificación de dicha providencia. Asimismo, ordenó al Consejo Nacional de Estupefacientes no reanudar el Programa de Erradicación de

Cultivos Ilícitos mediante Aspersión Aérea con Glifosato (PECIG). Dicho Consejo solo podría modificar la decisión de no reanudar el PECIG, cuando haya diseñado y se haya puesto en marcha un riguroso proceso decisorio donde se evalúen los riesgos para la salud, al medio ambiente, todo en el marco de un proceso participativo y técnicamente fundado.

Posteriormente, el presidente Iván Duque en 2018, buscó que se modificara la sentencia para reanudar el programa como parte de su política antidroga, pero en audiencia pública la Corte Constitucional mantuvo la prohibición establecida desde 2017.

El decreto emitido bajo el gobierno de Duque en abril de 2021 pretendía establecer un nuevo marco legal para las aspersiones con glifosato. Sin embargo, la decisión de la Autoridad Nacional de Licencias Ambientales (ANLA) no reactivó el programa, exigiendo que el gobierno cumpla con los requisitos de la Sentencia T-236 de 2017. Es fundamental destacar que, aunque la aspersión aérea está suspendida desde 2015, ha estado vigente desde 2001, aunque no está activada en relación con la aspersión aérea.

En el año 2023 se presentó un proyecto de Ley bajo al número 287 de 2023 de Senado, apoyado por el gobierno del presidente Gustavo Petro, que buscaba desde el legislativo la prohibición del uso de glifosato en la erradicación de cultivos ilícitos, como una de las principales prioridades del Gobierno Nacional. Se buscaba que, bajo una nueva política de drogas, se prohibiera el uso del glifosato, debido a las consecuencias negativas y a los altos costos que tiene el uso de este herbicida. Sin embargo, a junio de 2024 el proyecto no fue tramitado.

En conclusión, la prohibición desde el gobierno nacional para el uso del glifosato en Colombia ha sido una medida adoptada en respuesta a las preocupaciones sobre sus impactos negativos en la salud humana, el medio ambiente y las comunidades locales. Esta decisión ha generado un debate controversial, destacando tensiones entre la lucha contra el narcotráfico, la protección del medio ambiente y la salud de la población.

A pesar de los riesgos conocidos asociados con el glifosato, algunos sectores argumentan que su prohibición puede tener consecuencias negativas, incluyendo un aumento en la siembra de coca y la debilidad en los esfuerzos de seguridad nacional. La complejidad de la situación se refleja en la adaptabilidad de los grupos criminales y en la necesidad de políticas alternativas efectivas.

Además, la falta de un proceso robusto de consulta previa genera desconfianza en la implementación de medidas sustitutivas. En este contexto, la prohibición del glifosato en Colombia es un tema polémico y multifacético que requiere una cuidadosa consideración de sus implicaciones y consecuencias.

2.5. Análisis del desarrollo jurisprudencial del uso y prohibición del glifosato por daños ambientales en Colombia

La jurisprudencia de las altas cortes en Colombia ha desarrollado un precedente judicial, en el cual prohíbe el uso de glifosato para la erradicación de cultivos ilícitos, debido a los daños a la salud de las personas, a las comunidades y su territorio, así como por las afectaciones provocadas al medio ambiente.

Para alcanzar el objetivo propuesto, se analizarán las sentencias más relevantes en orden cronológico para determinar los argumentos usados por los magistrados o consejeros para prohibir el uso del glifosato, en pro de salvaguardar los derechos de las personas y las comunidades. Este estudio analítico jurisprudencial hará mayor énfasis en las providencias judiciales que hayan causado de manera directa los daños ambientales.

2.5.1. Desarrollo jurisprudencial del uso y prohibición del glifosato en la Corte Constitucional

De las primeras sentencias que trata de manera directa la aspersión con glifosato está la SU-067 de 1993 con ponencia de los magistrados Fabio Morón Díaz y Ciro Angarita Barón. En esta providencia se desarrollan temas como la procedencia de las acciones constitucionales, especialmente la popular, tutela y de grupo, como métodos para la participación ciudadana con el fin de proteger los derechos al medio ambiente sano y buscar la regulación del uso del glifosato.

En esta primera oportunidad la Corte menciona que la acción de tutela es de carácter residual, que debe ser empleada por la población cuando no exista otro medio de defensa judicial. De igual manera para la protección del derecho al medio ambiente sano que es catalogado como un colectivo, lo ideal es que deba buscar su salvaguarda por medio de las acciones populares o de grupo.

Con base a lo anterior, se advierte que las acciones populares tienen como propósito la protección de "los derechos e intereses colectivos derechos e intereses colectivos (art. 88 inciso primero) y sobre las acciones de grupo (art. 88 inciso segundo) para proteger todo tipo de derechos que resulten "dañados" en un grupo amplio de personas" (CConst., SU-067 de 1993, M. P. F. Morón y C. Angarita).

El derecho a gozar un ambiente sano es de carácter colectivo consagrado en la Constitución Política de 1991 en el artículo 79, que al mismo tiempo obedece a una postura proteccionista propia del derecho internacional. Esta postura ha permeado el constitucionalismo y el derecho en general de los países que han adoptado tratados internacionales, como la Declaración de Estocolmo de 1972, que permite incrementar las "técnicas, medios, vías e instrumentos gubernativos, administrativos y judiciales de protección del Derecho al Medio Ambiente Sano" (CConst., SU-067 de 1993, M. P. F. Morón y C. Angarita).

La actividad estatal y ciudadana dirigida hacia la protección del derecho colectivo del medio ambiente sano, es una preocupación actual de la mayoría de los Estados contemporáneos en tiempos de calentamiento global. Para el caso de Colombia, la Carta de 1991 elevó a rango constitucional la salvaguarda de los recursos naturales y de su entorno.

En esta sentencia, la Corte Constitucional fue ambigua en el momento de establecer de manera inequívoca si el uso del glifosato causaba afectaciones directas al derecho del medio ambiente sano y la integridad de las personas. Analizó el uso de las acciones constitucionales y el carácter colectivo del derecho en cuestión, pero no mencionó si el uso de este químico afecta a los territorios, las personas y el medio ambiente.

La Corte Constitucional estableció un nuevo precedente frente a la afectación del uso del glifosato en los derechos de las personas, así como al medio ambiente en la Sentencia SU-383 de 2003 con magistrado ponente Álvaro Tafur Galvis. En esta providencia se centró en el derecho que tienen las comunidades indígenas a ser consultadas previamente frente a los operativos de exploración y explotación de recursos naturales no renovables dentro del territorio donde ancestralmente han habitado.

Frente a la acción pertinente que los ciudadanos deben presentar para salvaguardar el derecho al medio ambiente sano, la Corte continua con lo establecido en la Sentencia SU-067 de 1993, pero añade a esta interpretación que las poblaciones indígenas deben hacer uso en un primer momento, del mecanismo y derecho de la consulta previa. En el caso donde a este grupo no se le consulte antes de aprobar los operativos concernientes a la aspersión con glifosato, estas comunidades se encuentran legitimadas para presentar acciones en pro de la salvaguarda de sus derechos.

Es una obligación por parte de los órganos gubernamentales consultar a las comunidades indígenas que habitan un territorio específico con el fin de no vulnerar sus derechos fundamentales y colectivos. Esta postura obedece en primer lugar, a los principios que sustentan la participación ciudadana, pero también en la concepción que estas comunidades conciben el ecosistema como un cuerpo vivo.

Con base a lo anterior, se hace necesario que las comunidades indígenas sean consultadas con el fin de garantizar sus derechos. La Corte advierte que,

> Sin la consulta previa no resulta posible i) maximizar el grado de autonomía que requieren los pueblos indígenas de la región para conservar su integridad étnica y cultural, ii) determinar para cuáles pueblos indígenas y tribales la coca es una planta sagrada, y deberá seguir sién-

> dolo dadas las implicaciones que en su cultura tiene ésta conceptuación, iii) en qué casos del cultivo de la coca depende la supervivencia del pueblo, dada la modalidad de sombrío que la plantación brinda a las otras plantaciones en algunas regiones y épocas, y iv) lo trascendente de la utilización de la planta de coca en sus prácticas curativas y rituales (CConst., SU-383 de 2003, M. P. A. Tafur).

Esta decisión constituye un precedente importante frente a la obligación de las entidades gubernamentales de consultar a las comunidades indígenas sobre las acciones que se desarrollarán en el territorio; sin embargo nuevamente la Corte fue tímida al abordar de manera directa el uso del glifosato, más si se trata de ejecutar acciones destinadas a la erradicación de cultivos ilícitos por medio de la aspersión del glifosato, lo cual obliga a consultar a las comunidades indígenas que habiten en ese lugar.

En el año siguiente, con la Sentencia C-245 de 2004 (M. P. Vargas Hernández), el alto tribunal encaminó la discusión hacia el uso del glifosato en la erradicación de cultivos ilícitos. La responsabilidad que se le atribuye a la autoridad ambiental en la destrucción de sustancias controladas implica la obligación de realizar una inspección de carácter preventivo como concomitante para minimizar el impacto ambiental.

El control preventivo implica seguir un plan de manejo ambiental previamente establecido que determine el procedimiento técnico para la destrucción de estas sustancias. Por otro lado, el control concomitante implica que este control debe llevarse a cabo simultáneamente con el proceso de destrucción, evitando así esperar a que se produzca el daño ambiental para intervenir, sino más bien, prevenirlo activamente. (CConst., C-245 de 2004, M. P. C. Vargas).

Esta responsabilidad atribuida a la entidad ambiental correspondiente puede extenderse al uso del glifosato, cuando este herbicida es esparcido para procesos de erradicación de cultivos ilícitos y que a su vez provoque daños ambientales en los lugares en los que se ejecuta esta acción, esto tomando como base el principio de precaución que rige a los órganos gubernamentales.

En los siguientes años, la Corte Constitucional continuó bajo la misma línea jurisprudencial reflejada en las Sentencias T-080 de 2015 (M. P. Palacio Palacio) y T-657 de 2013 (M. P. Calle Correa). Estas fueron las únicas que trataron el tema del glifosato entre 2004 al 2017, pero tenían la misma postura que la Sentencia C-245 de 2004, donde se planteó la importancia del derecho al medio ambiente para las personas, y de una manera más específica, los derechos de las comunidades indígenas y sus territorios.

Además, cambia la postura de cómo puede protegerse este derecho de carácter colectivo por medio de la acción de tutela, esto es, cuando el actuar de la administración, entes territoriales u órganos estatales afecte de igual manera derechos fundamentales de las personas.

Conforme a lo anterior, la Corte ha establecido que "la acción de tutela es el único mecanismo previsto en el ordenamiento jurídico para garantizar el derecho fundamental a la integridad étnica de los pueblos indígenas" (CConst., T-657 de 2013, M. P. M.V. Calle).

Posteriormente, el alto tribunal profirió la Sentencia T-300 de 2017 (M. P. Arrieta Gómez), que buscó corregir la interpretación dada en la Sentencia SU-383 de 2003 (M. P. Tafur Galvis), pues los órganos estatales entendieron que podían asperjar los territorios indígenas sin necesidad de consulta previa, cuando este grupo no tiene la concepción de un uso ancestral a la hoja de coca. Esto es una interpretación errónea de esta sentencia, pues advierte que la consulta previa es un derecho de estas comunidades que no se cancela a causa de las cosmovisiones que tengan de un aspecto específico.

Esta providencia se cimenta en los aportes dados en la Sentencia SU-383 de 2003, ya que establece que la aspersión de glifosato contamina la flora, fauna, los cultivos que son usados para el consumo de las poblaciones indígenas al igual que los cultivos de coca. En el caso examinado, la Corte

> encontró probado el consumo y uso tradicional de la hoja de coca por parte de las comunidades indígenas accionantes, en virtud de lo cual, consideró pertinente identificar la dimensión cultural del uso de la

> coca en dichas poblaciones, lo cual debía dar lugar a un proceso de concertación que limitara o condicionara la política de eliminación de cultivos ilícitos (CConst., T-300 de 2017 M. P. A. Arrieta).

Con base en lo anterior, la Corte estableció que es un requisito obligatorio e indispensable la consulta previa a las comunidades indígenas para otorgar licencias ambientales. La exigencia legal que la aspersión con glifosato esté licenciada y cuenten con un plan de manejo ambiental aprobado, "es un indicio fuerte de la necesidad constitucional de una consulta previa en los casos en que estos programas afecten los territorios de comunidades étnicas" (CConst., T-300 de 2017, M. P. A. Arrieta).

Continuando con el planteamiento anterior, el Tribunal constitucional infiere que siempre que se realice aspersión con el herbicida glifosato, se requerirá licencias ambientales y programa de manejo ambiental debido a la toxicidad para las personas y por los daños que provoca al ecosistema donde es aplicado. Es por ello por lo que se debe agotar la consulta previa para aprobar las licencias, si existe una posible afectación del territorio donde habitan comunidades indígenas.

El consultar a las comunidades genera una legitimación del actuar de la administración, ya que la participación de los ciudadanos es un valor, principio y fin fundamental del Estado colombiano. Por ello, la Corte advierte que son

> las comunidades étnicas quienes, a través de un proceso de interlocución con las autoridades públicas responsables, deben valorar la afectación que el programa de aspersión aérea con glifosato haya causado sobre sus territorios, sobre su integridad cultural o sobre cualquier aspecto de su cosmovisión. Es en ese escenario donde deberán evaluarse el impacto a la salud, al medio ambiente y al territorio en general como elemento esencial para la existencia y autodeterminación indígena y étnica, para a su vez determinar las medidas de restitución, indemnización, satisfacción o rehabilitación que responda a la definición del daño (CConst., T300 de 2017, M. P. A. Arrieta).

Esta sentencia es la que recapitula varias providencias de 2017 donde se dan los primeros avances fuertes frente a los daños al medio ambiente y la afectación a la salud de las personas causados por la aspersión del glifosato, principalmente encaminando a la erradicación de cultivos ilícitos. De la misma manera, protege los derechos de las comunidades indígenas a ser consultados sobre las actividades que los órganos gubernamentales pretenden realizar dentro de sus territorios, tomando como precedente lo argumentado en la Sentencia SU-383 de 2003. (M. P. Tafur Galvis).

En la Sentencia T-413 de 2021 con ponencia de la magistrada Cristina Pardo Schlesinger se continua con la línea de la protección de los derechos de las comunidades indígenas, principalmente a ser consultadas en los proyectos destinados a la aspersión con glifosato en sus territorios, ampliando un poco más el alcance de la misma, la protección de este derecho y, de una manera especial, plantea medidas para mitigar el riesgo que se puede causar a la salud humana.

En un primer momento la providencia en cuestión desarrolla el principio del "dialogo cultural entre iguales" el cual consiste en que no existe una subordinación entre las partes, esto es, que ni las comunidades indígenas tienen la última palabra frente a las acciones que se desarrollarán dentro de su territorio, ni el Estado puede imponer sus decisiones de manera arbitraria, sino que esto se da bajo un marco de dialogo entre partes que intercambian "razones entre culturas que tiene igual dignidad y valor constitucional". (CConst., T-413 de 2021, M. P. C. Pardo).

Otra característica de la consulta previa es que sea flexible, esto es que se adapte al contexto y necesidades de cada asunto protegiendo de esta forma la diversidad cultural que tienen las comunidades indígenas y afrodescendientes. De igual manera, la consulta debe ser informada y no limitarse a ser un trámite que cumple con una formalidad, sino que el Estado y los particulares implicados se esfuercen por informar a las comunidades sobre el proyecto de manera efectiva.

Por otro lado, para determinar si los programas destinados a la erradicación de cultivos ilícitos por medio del herbicida glifosato provoca una afectación directa a la salud, el juez constitucional debe tener ciertas "cualificaciones" para determinarlo.

En este punto, la Corte crea la siguiente subregla jurisprudencial. En primer lugar, se destaca el umbral de aplicación, indicando que la simple posibilidad de daño de una actividad no es suficiente para prohibirla; se requiere evidencia de un nivel de riesgo específico para su aplicación.

En segundo lugar, se menciona el grado de certidumbre necesario, señalando que la aplicación del principio debe basarse en una evaluación realista de la certeza, ya que la certeza absoluta es imposible desde una perspectiva científica.

En tercer lugar, se subraya que corresponde al juez determinar el nivel de riesgo aceptable, siendo este un tema de discreción política para las autoridades reguladoras.

La cuarta consideración implica que el juez debe decidir qué medidas tomar, considerando la información más completa disponible sobre el nivel de riesgo, lo que podría conducir a la necesidad de reducir, suspender o incluso prohibir una actividad, siendo esta última la medida más drástica y no siempre compatible con el principio de precaución.

La quinta y última consideración es la temporalidad de las medidas adoptadas, destacando la necesidad de que sean provisionales y sujetas a revisión en función del principio de precaución. (CConst., T-413 de 2021, M. P. C. Pardo).

Una de las consideraciones más importantes hechas por la Corte Constitucional en la Sentencia T-413 de 2021 (M. P. M.C. Pardo), es la jerarquía que tiene la participación ciudadana en materia ambiental, pues realza la importancia de este ejercicio como base de la práctica política y democrática del Estado colombiano.

La jurisprudencia de la Corte Constitucional ha establecido tres elementos esenciales para garantizar la participación ciudadana en materia ambiental. Los cuales son "(i) el acceso a la información; (ii) la participación pública y deliberativa de la comunidad; y (iii) la existencia de mecanismos administrativos y judiciales para la defensa de los anteriores contenidos normativos". (CConst., T-413 de 2021, M. P. C. Pardo).

Permitiendo estos tres elementos se garantiza que las comunidades estén informadas, así como los espacios necesarios para la deliberación de los proyectos encaminados a la erradicación de cultivos ilícitos.

> La participación no se agota en los espacios de información o socialización de los proyectos, ni en reuniones dirigidas solamente recoger inquietudes de las comunidades. La participación efectiva exige que las autoridades públicas consideren a fondo las recomendaciones de las personas que participan en los espacios deliberativos, expresen las razones por las cuales se decide acoger o no dichas recomendaciones, y se aseguren de que dichas razones son comprendidas por las comunidades y personas afectadas. La participación, en este sentido, debe ser un proceso de doble vía (CConst., T-413 de 2021, C. Pardo).

Como se ha desarrollado en apartados anteriores, la participación ciudadana construye el destino del Estado, por lo cual, incluir a las personas en la deliberación de esta decisión la reviste de legitimidad, pero también protege los derechos de las personas que pueden ser afectadas por estos proyectos, como es el del medio ambiente sano.

En la Sentencia T-343 de 2022 con magistrado ponente José Fernando Reyes Cuartas, resalta la importancia que debe tener el principio de precaución en salud cuando los jueces constitucionales fallan asuntos propios de aspersiones a áreas de cultivos ilícitos con glifosato.

Para ello, hace referencia a ya citada Sentencia T-236 de 2017 donde la Corte prohibió la aspersión con glifosato en Novita (Chocó), porque dicha práctica generaba afectaciones a la salud de las personas y advirtió que la regulación sobre esta acción no era suficiente para proteger el citado derecho. En virtud de lo anterior, ordenó a las entidades que "diseñaran y pusiera en marcha un marco regulatorio que evaluara el riesgo a la salud por la erradicación de cultivos ilícitos con glifosato".

De igual manera se cita la Sentencia T-080 de 2017, donde la Corte planteó que la institucionalidad no actuó bajo el principio de precaución porque no consultó a las comunidades que habitan en Corrijona de Puerto Nare y ejecutó el proyecto de aspersión de glifosato sin contemplar las afectaciones a la salud humana que esta actividad provocaría en las personas.

En dicha providencia proferida cinco años más tarde (T-343 de 2022), el alto Tribunal no trata directamente la aspersión con glifosato, sino con el herbicida *clorpirifós* (CPF), pero extiende todos los principios y elementos que se han desarrollado por la Corte Constitucional para prohibir su uso cuando no se ha consultado a las poblaciones indígenas o afrodescendientes, así como evaluar los riesgos a la salud humana que esta actividad puede provocar, ya que las consecuencias de su uso en la erradicación de cultivos ilícitos por medio de este nuevo herbicida provoca similares consecuencia que con el glifosato.

En la decisión antes citada, le ordena al Instituto Colombiano Agropecuario (ICA) la adopción de medidas administrativas necesarias para suspender de manera inmediata la comercialización de productos químicos agropecuarios con el componente activo clorpirifós.

Ordena que en un plazo máximo de seis (6) meses se adopten las medidas administrativas necesarias para eliminar de manera definitiva el uso del clorpirifós, implementando las acciones que permitan una transición hacia la sustitución del pesticida, todo con el fin de disminuir el impacto negativo que la prohibición inmediata de uso podría tener en la economía.

Esta decisión la tomó debido a que el clorpirifos (inhalado o a través de la piel) puede causar intoxicación por organofosforados grave, con dolor de cabeza, sudor, náusea y vómitos, diarrea, pérdida de la coordinación, pudiendo llegar hasta la muerte.

Con la anterior descripción narrativa de las decisiones de la Corte en el tema del glifosato, se constata que en las primeras providencias se enfocaron mucho sobre los mecanismos que son efectivos para la protección del medio ambiente sano y las características del derecho anteriormente mencionado, pero fue muy ambiguo sobre si el glifosato debía ser prohibido o no con base en un posible daño ambiental y la salud humana.

Después del año 2017 hubo más desarrollo frente a los daños ambientales y a la salud humana que provocaba la aspersión con glifosato que tenía como fin la erradicación de cultivos ilícitos. Además, le dio mucha importancia a la participación ciudadana para expresar opiniones que ayudarán a direccionar el destino de las decisiones que se pueden tomar, las cuales deberían respetar los resultados de las votaciones que las comunidades realicen con el fin de salvaguardar los derechos de las comunidades y de la población en general. A continuación, se ilustra la línea jurisprudencial en el tema del glifosato.

Gráfico 1. Línea jurisprudencial de sentencias de la Corte Constitucional sobre la fumigación con glifosato.

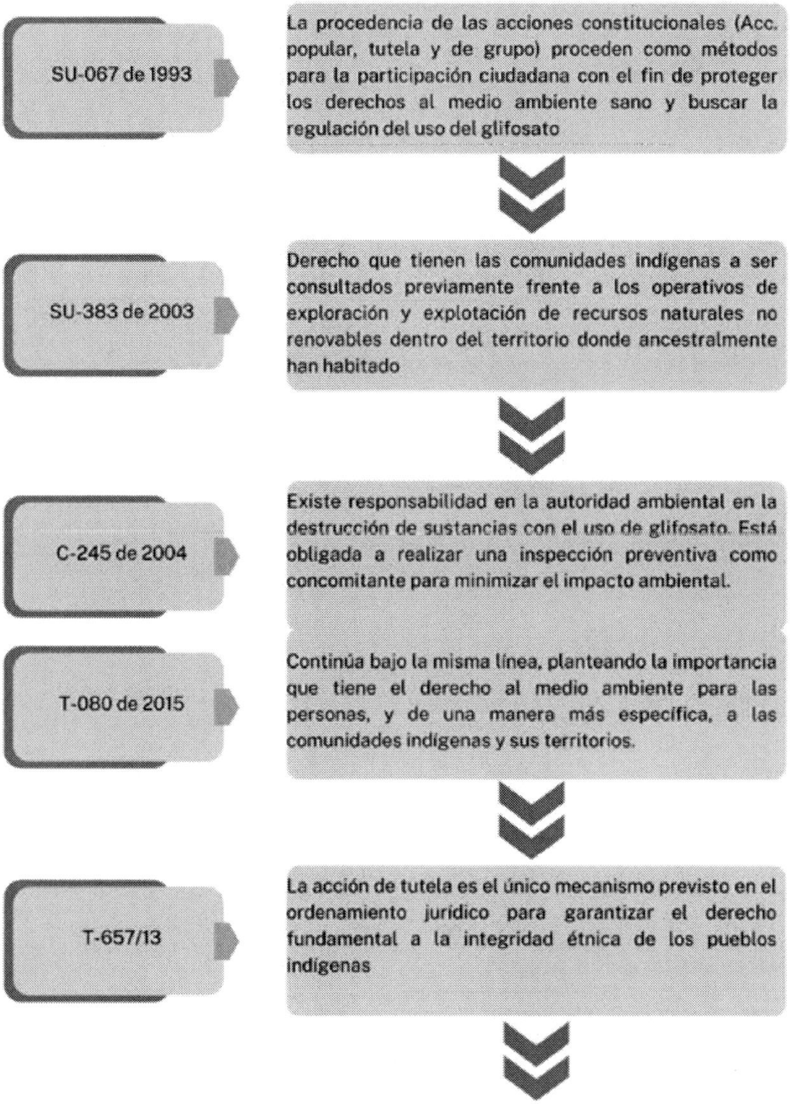

SU-067 de 1993

La procedencia de las acciones constitucionales (Acc. popular, tutela y de grupo) proceden como métodos para la participación ciudadana con el fin de proteger los derechos al medio ambiente sano y buscar la regulación del uso del glifosato

SU-383 de 2003

Derecho que tienen las comunidades indígenas a ser consultados previamente frente a los operativos de exploración y explotación de recursos naturales no renovables dentro del territorio donde ancestralmente han habitado

C-245 de 2004

Existe responsabilidad en la autoridad ambiental en la destrucción de sustancias con el uso de glifosato. Está obligada a realizar una inspección preventiva como concomitante para minimizar el impacto ambiental.

T-080 de 2015

Continúa bajo la misma línea, planteando la importancia que tiene el derecho al medio ambiente para las personas, y de una manera más específica, a las comunidades indígenas y sus territorios.

T-657/13

La acción de tutela es el único mecanismo previsto en el ordenamiento jurídico para garantizar el derecho fundamental a la integridad étnica de los pueblos indígenas

T-080 de 2017
T-300 de 2017

Corrigió interpretación dada de SU-383 de 2003 (se podría asperjar territorios indígenas sin necesidad de consulta previa, cuando este grupo no tiene la concepción de un uso ancestral a la hoja de coca).

Se corrigió pues se advierte que la consulta previa es un derecho de estas comunidades que no se cancela a causa de las cosmovisiones que tengan de un aspecto específico.

T-413 de 2021

Protección de los derechos de las comunidades indígenas, principalmente a ser consultadas en los proyectos destinados a la aspersión con glifosato en sus territorios, ampliando un poco más el alcance de la misma, la protección de este derecho y, de una manera especial, plantea medidas para mitigar el riesgo que se puede causar a la salud humana.

T-343 de 2022

Resalta la importancia del principio de precaución en la salud cuando los jueces constitucionales fallan asuntos propios de aspersiones a áreas de cultivos ilícitos con glifosato. Toma como precedente, la sentencia T-236 de 2017 donde la Corte prohibió la aspersión con glifosato en Novita (Chocó), por afectaciones a la salud de las personas.
Advirtiendo que la regulación sobre esta acción no era suficiente para proteger el citado derecho y haciendo referencia a la sentencia T-236 de 2017 donde la Corte prohibió la aspersión con glifosato en Novita (Chocó), porque dicha práctica generaba afectaciones a la salud de las personas y advirtió que la regulación sobre esta acción no era suficiente para proteger el citado derecho.

Fuente: Elaboración propia

2.5.2. Desarrollo jurisprudencial del uso y prohibición del glifosato en el Consejo de Estado

Este punto se desarrollará el análisis del progreso histórico de la jurisprudencia del uso y prohibición del glifosato por parte del Consejo de Estado, para ello, se tomarán las sentencias más relevantes de esta Corporación en la materia. Este análisis se enfocará las afectaciones al medio ambiente, territorio y la salud de las personas.

La primera sentencia que trató del tema del glifosato es la providencia 527-CE-SEC3-EXP1993-N7719 de 1993 con consejero ponente Daniel Suárez Hernández, donde se buscaba resolver el daño de cultivos de tomate y otras hortalizas en la finca denominada "Ojo de Agua" la cual se ubicaba en inmediaciones de la Sierra Nevada de Santa Marta.

En esta sentencia se informa que hubo fumigaciones por parte de la Policía Nacional en la Sierra Nevada de Santa Marta en agosto de 1986 con el fin de erradicar cultivos de marihuana. El actor alegaba que luego de estas labores sus cultivos se vieron afectados, advirtiendo que fue por causa de los herbicidas usados, pero el Consejo de Estado afirmó que esta alegación no fue probada en debida forma.

En ese mismo sentido esta Corporación añade que en este caso en concreto era difícil de determinar el nexo causal entre la causa y el daño pese a los informes presentados. De esta manera afirma que

> Los peritos realmente se limitaron a exponer sus conclusiones sobre los perjuicios que puede ocasionar el uso inadecuado del herbicida, pero con esos dictámenes no se establece que efectivamente los cultivos de la hacienda Ojo de Agua se vieron afectados, o cuales y en qué extensión fueron los cultivos afectados o que ese deterioro sufrido hubiera sido por elementos tóxicos usados por la Policía Nacional en las fumigaciones (CE 3, 11 Jun. 1993, 527-CE-SEC3-EXP1993-N7719, D. Suárez).

En esta providencia no tiene gran incidencia sobre el uso y prohibición del glifosato en los proyectos destinados a la erradicación de cultivos ilícitos, pero es de las primeras que al menos menciona el tema. Se logra dilucidar que, aunque no se logró probar las afectaciones de los cultivos que se ubicaban cerca de donde se ejecutó esta labor por parte de la Policía Nacional se plantean los primeros indicios de las afectaciones que tienen estas aspersiones al medio ambiente y con ello la flora y fauna que habita en esos lugares.

En los siguientes años el Consejo de Estado no desarrolla el tema a fondo, sin llegar a conclusiones concretas frente a las afectaciones al medio ambiente y la salud de las personas. Dentro de esa dualidad de criterios en la Sentencia No. 25000-23-25-000-2001-0022-01 presenta diferentes posturas sobre el uso del glifosato, uno de estas informaba que este herbicida si causaba daños al medio ambiente y la salud de las personas, pero otra intervención se argumentaba lo contrario. Ante esa duda este Corporación no accedió a las pretensiones de la parte actora.

En la Sentencia No. 25000-23-25-000-2001-0022-02(AP) IJ del Consejero ponente Nicolás Pájaro Peñaranda, se analizó por primera vez primera la procedencia de la acción popular para salvaguardar los derechose intereses colectivos, en este caso del medio ambiente sano.

La sentencia evalúa los diferentes estudios donde se evidencian las posturas frente al uso del glifosato. La primera de ellas plantea que este no provoca afectaciones graves al medio ambiente, la tierra, la flora y la fauna donde este herbicida aplicado, además de que no hay evidencia concluyente sobre las afectaciones a la salud de las personas causadas por este químico.

Por otro lado, existen otras posturas donde plantea que el glifosato puede causar daños al medio ambiente y a la salud, siempre y cuando se suministre en grandes cantidades; así las cosas, el glifosato puede llegar a ser tóxico a largo plazo en estudios con animales con dosis altas en ratas (900-1200 mg/kg/día). Para determinar si produce o no cáncer en humanos se requerirían 20 o 30 años con el fin de que evidenciar los efectos. (CE SP, 19 Oct. 2004, 25000-23-25-000-2001-0022-02(AP) IJ, N. Pájaro).

Concluyó el alto tribunal de lo Contencioso que de las pruebas allegadas no se puede inferir con certeza que el glifosato produzca daños irreversibles en el medio ambiente; por el contrario, el Consejo encontró fuertes elementos de juicio que le permitieron concluir que la regeneración de las zonas asperjadas se produce en lapso no muy largo y que, por el contrario, numerosas hectáreas de bosques son destruidas por la acción de los cultivadores ilícitos. (CE SP, 19 oct. 2004, 25000-23-25-000-2001-0022-02(AP)IJ, N. Pájaro).

Conforme a lo anterior, el Consejo de Estado evidencia una duda razonable frente a la posible afectación del uso del glifosato, por ello, advierte se debe hacer un control continuo en los estudios que se realicen a este herbicida con el fin de determinar a largo plazo los efectos nocivos que pueda provocar, pero esto no se traduce en la suspensión de la aspersión ya que es una labor que el Estado debe realizar con el fin de solucionar la problemática de la producción y tráfico de drogas ilícitas.

Bajo esta tesis planteada por el Consejo de Estado fueron resueltas las controversias posteriores que se suscitaban conforme a la aspersión con glifosato para la erradicación de cultivos ilícitos. Sin embargo, en la Sentencia No. 41001-23-31-000-2000-02956-01 con ponencia del Consejero Ramiro de Jesús Pazos Guerrero, se exhortó al Gobierno Nacional a actuar bajo el principio de precaución.

El Consejo de Estado en la sentencia en cuestión desarrolla el argumento de que el medio ambiente sano es un "derecho-deber", derecho en el sentido que todas las personas son susceptibles de gozar del mismo, así como se encuentran legitimados para "participar en las decisiones que puedan aféctalo" (CE 3, 20 Feb. 2014, 41001-23-31-000-2000-02956-01, R. Pazos), así como procurar su conservación; por otro lado, es un deber de parte del Estado el proteger todos los recursos naturales, la diversidad, así como generar planes y estrategias para la conservación de los mismos.

Con base en el deber del Estado en su protección, el artículo 80 de la Constitución establece una cláusula de responsabilidad civil extracontractual de daños antijurídicos que se provoquen cuando el Estado no planifique en debida forma las intervenciones que se ejecuten que pueda afectar el medio ambiente y sus recursos, pues tiene el deber de "garantizar su desarrollo sostenible, su conservación, restauración o sustitución".

Bajo ese principio, la Sala Tercera del Consejo de Estado toma nuevamente estudios científicos sobre el uso del glifosato para la erradicación de cultivos ilícitos en el territorio nacional, de esta manera concluye que "se encuentra plenamente establecido que existen evaluaciones científicas del riesgo de daños por la aspersión con glifosato" (CE 3, 20 Feb. 2014, 41001-23-31-000-2000-02956-01, R. Pazos), por daños la Corporación se refiere a afectaciones al medio ambiente y a la salud de las personas.

Se destaca que, dentro del análisis de esta sentencia, la misma advierte que el glifosato es un herbicida de amplio espectro, que puede afectar plantaciones aledañas que no son objetivo para ser erradicadas, causando una responsabilidad al Estado por riesgo excepcional.

El Consejo de Estado advierte que las entidades gubernamentales deben actuar siempre bajo el principio de precaución cuando se trate de asuntos ambientales. Si bien es cierto la Sala Tercera de esta Corporación no prohibió el uso del glifosato para la erradicación de cultivos ilícitos, si plantea que es obligación la Dirección de Antinarcóticos de la Policía Nacional el delimitar de manera específica el lugar donde se desarrollará la labor y contemplar si la ejecución de este proyecto no afectará los derechos de las personas que habitan el lugar.

Es de añadir que en esta providencia ya está establecido que el glifosato provoca

> serios problemas para el ambiente y para la humanidad en general, y habida cuenta de los mandatos constitucionales de diversidad étnica y cultural de la Nación (art. 7°), riquezas culturales y naturales de la Nación (art. 8°), atención de la salud y saneamiento ambiental (art. 49), función ecológica de la propiedad privada (art. 58), ambiente sano (art. 79), planificación del manejo y aprovechamiento de los recursos naturales (art. 80), protección de los recursos culturales y naturales del país (art. 95) (CE 3, 20 Feb. 2014, 41001-23-31-000-2000-02956-01, R. Pazos).

La anterior decisión consolidó un precedente nuevo en el uso del glifosato, expresando de manera clara la responsabilidad del Estado al no actuar bajo el principio de precaución, bajo el argumento de que el herbicida en cuestión sí afecta el medio ambiente y sus recursos, así como los derechos fundamentales de las personas (la salud) y los derechos colectivos.

En la Sentencia No. 52001-23-31-000-2010-00511-01 con ponencia del Consejero Alberto Montaña Plata, se dio un nuevo límite en la fumigación con glifosato, determinando que está prohibido tal labor "a menos de 1600 metros de un proyecto productivo que no sea fraccionado o mixto".

En el desarrollo de tal providencia se logró demostrar que la plantación de palma de los demandantes experimentó un deterioro, el cual se correlaciona con los efectos del glifosato en las mismas. Este perjuicio en cuestión se produjo poco después de que la DIRAN rociara glifosato desde avionetas a una distancia inferior a 600 metros del proyecto productivo familiar de los demandantes. Como resultado, estos han sufrido pérdidas tanto materiales como inmateriales.

Por causa de lo anterior, la Policía Nacional fue responsabilizada por incumplir en lo establecido en el Plan de Manejo Ambiental del PECIG, el cual prohíbe la aplicación de glifosato a menos de 1600 metros de cualquier proyecto productivo que no sea fragmentado o mixto. En consecuencia, el Consejo de Estado condenó a la Policía Nacional a reparar los daños causados al demandante imponiendo una indemnización.

En esta providencia se destaca este importante avance jurisprudencial, enfatizando que esta interpretación nace de lo establecido en el Plan de Manejo Ambiental del PECIG. Es decir, se fundamentó en la aplicación estricta de una norma legal que debió ser acatada por el ente gubernamental que generó la infracción y violación de derechos al demandante.

Se evidencia que para el Consejo de Estado la ejecución de esta labor es lícita, que debe hacer siempre bajo el principio de precaución ya que este herbicida si provoca daños al medio ambiente y a la salud de las personas.

Si el Estado a través de la Policía Nacional y la Dirección de Antinarcóticos decide ejecutar proyectos de erradicación de cultivos ilícitos por medio la aspersión con glifosato, este programa debe contemplar los riesgos ambientales y a la salud, delimitar el área donde se ejecutará el mismo y si pese a esto es causado un daño a las personas y al medio ambiente, este debe ser reparado por medio de una indemnización.

En la sentencia de 2014 se planteó un punto importante y es que las comunidades presentes en estos territorios deben participar en la toma de decisiones de estos proyectos, con el fin de ejercer los principios democráticos que sustenta la democracia colombiana, así como buscar proteger sus derechos frente a las decisiones gubernamentales que posiblemente puedan afectarlos.

2.5.3. Desarrollo jurisprudencial del uso y prohibición del glifosato en la Corte Suprema de Justicia

En la Corte Suprema de Justicia no se trata mucho el tema sobre el uso del glifosato, debido a que estos proyectos son ejecutados por órganos estatales y los medios que usan los ciudadanos para proteger sus derechos es la acción de tutela, popular o la acción de reparación directa. De esta manera, dichas controversias se resuelven en la Corte Constitucional o el Consejo de Estado, mientras que en la Corte Suprema de Justicia se deciden tutelas en calidad de juez de segunda instancia.

En la revisión de las bases de datos jurisprudenciales se destacan dos sentencias importantes que el alto tribunal de la justicia ordinaria profirió sobre el uso y prohibición del glifosato para la erradicación de cultivos ilícitos.

La primera de ella es la providencia STL14837-2015 con ponencia del magistrado Gustavo Hernando López Algarra. En dicha decisión se señala que, respecto al uso del glifosato para la erradicación de cultivos ilícitos, no hay estudios que confirmen de manera concluyente que este herbicida produce daños ambientales y agravios a la salud de las personas, pero conforme a lo estipulado por la Corte Constitucional menciona que

> antes que tomar una posición frente al debate, lo que se resalta es la discusión misma, la falta de certeza en relación el uso del glifosato y la advertencia científica, con base en análisis técnicos, de posibles riesgos sobre la salud y el medio ambiente que, de confirmarse, tendrían un impacto de carácter grave e irreversible. Por eso, teniendo en cuenta dicho debate, no puede escapar a esta corporación que, actualmente, continúan existiendo denuncias reiteradas en relación con los daños que produce el glifosato a la salud y al medio ambiente (CSJ Laboral, 7 Oct. 2015, M. P. G. López).

Advierte entonces una duda razonable frente a las múltiples denuncias que se presentan cuando estos proyectos son ejecutados. En ese sentido, aunque expresó el alto tribunal que no hay estudios concluyentes frente a las afectaciones al medio ambiente y la salud de las personas, las Corporaciones deben permanecer en la discusión si el glifosato causa estos daños o no.

En otra decisión, la Sentencia STP9647-2021 con ponencia del magistrado Diego Eugenio Corredor Beltrán, se resalta el precedente de la Corte Constitucional sobre la importancia que tiene el consultar a las comunidades que habitan en los territorios donde se adelantarán proyectos de erradicación de los cultivos ilícitos por medio de la aspersión con glifosato.

En ese sentido, la revisión del plan de erradicación de cultivos ilegales debe enfocarse en la búsqueda de acuerdos sobre las acciones que sean más convenientes y menos perjudiciales para la comunidad y que no mengüen su capacidad para obtener alimentos. Estos acuerdos solo se alcanzan por medio de la consulta previa realizada por estas comunidades. Sin embargo, estas acciones deben ser igualmente eficaces en cumplir con los objetivos fundamentales del Estado, que incluyen garantizar la seguridad nacional y cumplir con los compromisos internacionales de Colombia en la lucha contra el tráfico de drogas.

En estas sentencias se evidencia que estos proyectos no están prohibidos, pero no son absolutos, ya que se debe concertar con la comunidad y hacerlas participes en los procesos de las decisiones sobre las actividades que se adelantarán en sus territorios. A su vez, la Corte plantea la posibilidad de mantener la discusión sobre las repercusiones nocivas del glifosato ya que se continúan presentado denuncias por causas del mismo.

3. El fracking en la explotación de petróleo y gas

3.1. Panorama de la explotación minero-energética en Colombia

Colombia tiene la fortuna de ser un país con una gran variedad de minerales ubicados a lo largo y ancho del territorio nacional, lo que le ha servido para impulsar su desarrollo económico. Desde la conquista, la colonia y luego en la época republicana ha venido explotando y obteniendo importantes ingresos sobre oro, carbón, níquel, platino, roca fosfórica, platino, carbón, sal y otros procesos de extracción del suelo. En el siglo XX se convirtió en productor de petróleo, situación que le ha favorecido para su auto sostenimiento y para obtener importantes ingresos por su exportación.

l país tuvo su primer pozo productor de petróleo en 1918 denominado Infantas No 1, perforado entre 1918 y 1921. Entre los años 1921 a 1951 se empieza a desarrollar la industria petrolera con el descubrimiento de nuevos campos en el Magdalena Medio, Catatumbo y Valle Inferior del rio Magdalena. (Vásquez, 1994).

En materia de hidrocarburos, Colombia aprovecha dos elementos que le han aportado para su desarrollo: el petróleo y el gas. Ambos se han constituido en la fuente principal de divisas y riqueza del país, lo que ha contribuido para fortalecer el desarrollo en las regiones explotadoras.

Debido a su importante auge, el Estado ha debido establecer importantes regulaciones y generar organismos encargados de su dirección y control para supervisar el impacto sobre sus ecosistemas y la afectación a la población.

Los hidrocarburos al ser combustibles fósiles productores de energía primaria, en muchas ocasiones están presentes en áreas con importantes pasos de corrientes de agua o acuíferos de agua potable. Cuando se extrae el petróleo se puede correr el riesgo de generar contaminación de las fuentes hídricas y del suelo por derrames accidentales. (Fergusson, 1969).

Este sector de los hidrocarburos se ha expandido significativamente en los últimos años y se ha convertido en una parte importante del crecimiento económico mundial ya que de ellos se mueve las líneas de transporte , gas y los derivados del petróleo para la generación de plásticos y elementos que se usan en el día a día como la línea de ropa económica originaria de esta fuente prima , el consumo de energía para las zonas más frías del mundo ubicadas en Europa y Rusia, la investigación, las reservas y la producción se han incrementado significativamente y actualmente es uno de los motores del crecimiento económico en varios países del mundo.

La contaminación se ha disparado gracias al crecimiento de los hidrocarburos, acumulándose en los mares y en los países que carecen de desarrollo, siendo ellos los más afectados ya que esto a su vez ocasiona que se disparen las enfermedades y al llegar al punto de ser incineradas, ocasionan un daño importante debido a que estas partículas entran al sistema respiratorio de los seres humanos y de los animales. Además, impiden el intercambio de gases con la atmósfera, al mismo tiempo que desencadenan varios procesos fisicoquímicos como la evaporación y la permeación. Dependiendo de las características fisicoquímicas del hidrocarburo (p. ej., temperatura, humedad, pH y estructura del suelo) y la lenta escorrentía, provoca una mayor toxicidad, lo que genera graves efectos ambientales tanto en la flora como en la fauna. (Arias, 2017).

Ante el desarrollo de proyectos de exploración y explotación de recursos minerales, la tarea del Estado colombiano no es solo la regulación y el control dado como una de las tareas importantes, sino que también lo es en el uso y producción de los recursos, desde el cómo se está haciendo y que impacto está generando a sus ecosistemas y que tanto afecta al poblado en el cual se desarrolle dicha actividad.

Por lo tanto, los recursos naturales del país, incluidos los hidrocarburos, generaron la tarea y necesidad del gobierno de cumplir su función administrativa en el campo de la regulación y el control, creando un marco institucional y legal todo bajo los parámetros constitucionales.

3.2. Definición de *fracking* y descripción de la problemática

La fracturación hidráulica o *fracking* describe el proceso técnico para la extracción no convencional de petróleo y gas natural mediante la inyección de una solución patentada que abre espacios entre capas de sedimentos, permitiendo que los recursos energéticos escapen a la superficie y sean recolectados. (Valencia y Carrillo, 2016).

El proceso se realiza taladrando verticalmente bajo tierra (de mil a cinco mil metros aproximadamente) y luego horizontalmente (de mil a cuatro mil metros), para luego inyectar fluidos a muy alta presión con la finalidad de fracturar las rocas que contienen los hidrocarburos de difícil acceso y de esta forma liberarlos.

El fluido está compuesto además de agua y arena, de varios aditivos químicos como el metanol, el ácido clorhídrico y destilados de petróleo ligero, tratados con hidrógeno.

La fracturación hidráulica de rocas profundas para liberar productos derivados del petróleo se ha convertido en un tema controvertido a nivel mundial. Es importante no confundir esta técnica con la perforación o la extracción convencionales.

El *fracking* es el proceso de utilizar la energía de los fluidos para fracturar rocas y liberar gas y, a veces, petróleo crudo. No es perforación *per se*, aunque se debe perforar para establecer un pozo a fin de bombear el fluido que fractura la roca para liberar el producto.

De hecho, algunos países han prohibido la práctica de la fracturación hidráulica, alegando que la contaminación de las aguas subterráneas y del aire aumenta como resultado del proceso.

El concepto de utilizar agua para trabajar no es nuevo. Bombear fluido bajo tierra para fracturar rocas y liberar petróleo gaseoso es un proceso nuevo. En realidad, este proceso se lleva a cabo de forma natural todos los días con agua o magma. El magma puede fluir hacia los lechos de roca, sobrecalentando el agua para generar vapor. La presión resultante de la molécula de agua en expansión puede ser tan grande que puede levantar y separar miles de toneladas de roca en las profundidades de la superficie terrestre. (Holloway y Rudd, 2001).

Si la contaminación de los acuíferos de agua dulce es una preocupación, muchas partes interesadas, tanto en la industria como en el sector ambiental, creen que se deben perforar pozos de monitoreo de aguas poco profundas en los perímetros de las plataformas y tomar muestras según sea necesario. Luego se recolectarían muestras de estos pozos de agua antes de la perforación para establecer un conjunto de datos analíticos de referencia que muestren las condiciones del agua antes de las operaciones de perforación.

De hecho, algunos estados en los Estados Unidos han promulgado regulaciones para establecer la calidad del agua subterránea antes de la perforación a través de un programa de monitoreo de referencia. Al muestreo de referencia le seguiría un seguimiento periódico durante todas las fases de las operaciones, incluida la fracturación hidráulica. Este proceso podría tener dos propósitos:

Proporcionar una alerta muy temprana en caso de una fuga en la construcción de un pozo.

Eliminar la operación como fuente potencial de contaminación en algunas áreas de preocupación, como cuando se demuestra que los constituyentes estaban presentes en los pozos de agua antes de que comenzara el desarrollo del gas de esquisto.

El *fracking* es una técnica petrolera que ha generado álgidos debates y preocupaciones en los procesos de toma de decisiones y la influencia de la participación pública en los sectores no convencionales con uso intensivo de agua.

Los académicos presentan la degradación ambiental como un problema político en un contexto de relaciones humanas, corporativas y estatales desiguales y subjetivas que engendran interpretaciones de la energía, el agua y los paisajes naturales.

Desde una perspectiva ideológica, el *fracking* representa el avance de la tecnología en la recuperación de pozos petroleros, independientemente de que las investigaciones demuestren que el *fracking* es una fuente importante de gases de efecto invernadero o que pueden afectar las reservas subterráneas de agua.

El *fracking* es un tema polarizador que conduce a un gran activismo en defensa de los recursos hídricos. La capacidad de respuesta de la comunidad está vinculada no sólo al poder político sino también a cuestiones estructurales como la riqueza y el estatus.

Los reclamos y disputas sobre la tierra, el agua y el subsuelo están entrelazados con nociones de personalidad, relaciones sociales y tecnologías de producción, así como con la comprensión científica de los sistemas hidrogeológicos.

El desarrollo de nuevas tecnologías, como la perforación horizontal, desafía la propiedad tradicional y los derechos de los usuarios, enfrentándolos a los derechos estatales, federales y corporativos a obtener ganancias.

Por ejemplo, en algunas partes del norte de Nuevo México, afectado por la sequía, los pequeños agricultores se enfrentan a las compañías de petróleo y gas, así como a los gobiernos locales y nacionales, en una lucha por mantener o redefinir los derechos de agua y pastoreo en tierras estatales y federales.

Allí se ha dado una lucha por el agua y los derechos comunitarios en el condado de Mora, Nuevo México. Según el Tratado de Guadalupe Hidalgo de 1848 y la Constitución del Estado de Nuevo México, los derechos de agua de los ganaderos nuevomexicanos se extienden hasta las cabeceras de los pequeños arroyos y afluentes del Río Grande, gobernado internacionalmente. (Valencia y Carrillo, 2016).

La preocupación es menos por los aspectos infraestructurales del flujo y el intercambio y más por el papel de la tecnología en el despliegue y la resistencia al poder estatal. Se evidencia allí un conflicto entre los derechos al agua y pastoreo que se extienden a tierras de propiedad estatal o federal y al mismo tiempo obtiene ganancias de minerales que ahora son razonablemente accesibles.

3.3. Aplicación del fracking y efectos

La ética del "*fracking*" está íntimamente relacionada con las preocupaciones sobre el futuro del agua en la humanidad. Esta revisión revela que las prevenciones de carácter ético sobre el desarrollo del gas de esquisto están ligadas, al menos en parte, a los impactos potenciales del desarrollo sobre los recursos hídricos.

No es ningún secreto que la calidad y el suministro del agua son cuestiones importantes asociadas con el desarrollo del gas de esquisto. Investigaciones realizadas en Estados Unidos y en el Reino Unido han revelado que los norteamericanos que asociaban el desarrollo de gas de esquisto con la contaminación del agua tenían 5,6 veces más probabilidades de oponerse al desarrollo que aquellos que no lo hacían; los residentes del Reino Unido tenían 4,2 veces más probabilidades.

El principio de precaución puede entenderse como la afirmación de que una acción o proceso potencialmente peligroso, a menudo sujeto a incertidumbre científica (por ejemplo, el desarrollo de gas de esquisto[1]), no debería permitirse hasta que la sociedad pueda estar segura de que no causará daño. Esto podría verse como una forma fuerte del principio de precaución, que contrasta con una forma más matizada, por ejemplo, como se plantea en la declaración de la Comisión Europea. sobre el principio de precaución.

---

1 En la industria del petróleo se denomina *shale gas* o también gas de lutita, el cual es un hidrocarburo que se encuentra en estado gaseoso en formaciones rocosas sedimentarias de grano muy fino. Su extracción se hace de zonas muy profundas en terrenos donde abunda el esquisto, cuyo interior es rocoso de baja permeabilidad, lo que impide su ascenso a la superficie. Es por ello por lo que para su extracción y comercialización se debe hacer una fractura de la roca hidráulicamente.

Löfstedt (2004) señala acertadamente, que la invocación del principio de precaución suele concordar más con la versión fuerte que con la versión matizada. El principio de precaución ha sido invocado como un enfoque ético relevante para el desarrollo del gas de esquisto debido a la incertidumbre sustancial que rodea los efectos del desarrollo y el potencial de "daño", predominantemente en forma de impactos negativos en la salud humana.

El principio de precaución también significa que la mayoría de los usos de este principio en asociación con el desarrollo del gas de esquisto se alinean con el principio prescriptivo, que establece que, si existe una amenaza incierta, es necesaria alguna forma de acción.

Esto contrasta con la versión argumentativa del principio de precaución que se centra en qué tipos de argumentos deben informar la toma de decisiones. Si bien se podría ofrecer una variedad de "daños" como justificación para adherirse al principio de precaución (por ejemplo, daños a las carreteras, daños a la vida silvestre, daños al carácter de la comunidad), debido a que la mayoría de las reclamaciones en esta área derivan de investigadores en el área de la salud humana, los daños potenciales citados con mayor frecuencia provienen de la posible contaminación del aire y el agua.

Una afirmación frecuente asociada con las apelaciones al principio de precaución es que se deben realizar investigaciones adicionales para reducir la incertidumbre sobre los posibles impactos en la salud.

Según Evensen (2016), el *fracking* como técnica hidráulica de extracción de hidrocarburos presenta varios riesgos ambientales y para la salud pública. Aquí hay algunos de los riesgos asociados con el *fracking*:

- Contaminación del agua: La inyección de fluidos a alta presión puede provocar la contaminación de acuíferos con químicos peligrosos.
- Consumo de agua: El proceso requiere grandes cantidades de agua, lo que puede agotar las fuentes locales de agua.

- Contaminación del aire: Durante la extracción, gases como el metano, un potente gas de efecto invernadero, pueden ser liberados a la atmósfera.
- Sismicidad inducida: El *fracking* ha sido vinculado con un aumento en la actividad sísmica en algunas áreas.
- Impactos en la salud: Los químicos utilizados en el proceso pueden tener efectos adversos en la salud de las personas que viven cerca de los sitios de *fracking*.

Estos riesgos han llevado a muchos países a reconsiderar o prohibir la práctica del *fracking*.

3.4. Restricciones internacionales para el uso del fracking

La extracción no convencional de gas y petróleo del subsuelo ha tenido amplios debates a nivel mundial debido a los ya mencionados riesgos de contaminación de aguas subterráneas. Es por ello por lo que ha surgido un movimiento mundial presionado por ONGs y las diferentes comunidades que han tratado de incidir en sus países para que se restrinja esta práctica.

En algunos Estados ya lo han prohibido debido a los daños que puede causar, mientras que en otros aun no lo han hecho debido a que encuentran en su práctica una fuente importante de recursos. Este es el caso de Estados Unidos, Canadá, México, China, Argentina, Reino Unido, Alemania y Australia, que hoy en día son los únicos países que llevan a cabo el *fracking* de forma regulada.

Para el caso de los Estados Unidos, en el año 2015 estableció unas reglas muy estrictas sobre el desarrollo del *fracking* en los pozos ubicados en territorio federal y las áreas subterráneas, todo bajo la vigilancia de la Oficina de Administración de Tierras. Entre las medidas previstas está la de otorgar información sobre el lugar exacto de la perforación, indicar cuales son las características geológicas del terreno y cuales los químicos que se van a usar durante el proceso, además de la implementación de medidas de seguridad en el almacenamiento de fluidos residuales.

Por el lado de Canadá que también lo ha permitido, su permisión se ha basado en una estricta vigilancia en el análisis de la sismicidad, que es tal vez la principal consecuencia de las perforaciones en los pozos de agua según estudios de *Seismological Research Letters*. Es por ello por lo que se ha limitado el *fracking* superficial y se han entregado licencias bajo la vigilancia de verificar la inexistencia de sismos o temblores en la zona afectada.

Por su parte, en el caso de México sus autorizaciones se han enfocado en la priorización de acceso al agua potable de las comunidades, de acuerdo con el Centro Mexicano de Derecho Ambiental (Cemda). Es por ello por lo que los habitantes de los terrenos afectados deben tener "acceso total" a la información del proyecto.

En cuanto a China su intervención se realiza con la participación corporativa corporativa, ya que las empresas internacionales que deseen realizar *fracking* tienen que asociarse con sus firmas locales (Cnpc y Sinopec). La actividad está sometida a las leyes relacionadas con el control de la contaminación ambiental, tanto atmosférica como provocada por desechos sólidos.

De otro lado, en cuanto a los países que han prohibido de manera categórica el *fracking* se encuentran Escocia, Francia, Bulgaria Sudáfrica, República Checa, Suiza, Austria, Irlanda, Irlanda del Norte, Italia, España y Nueva Zelanda.

En el caso de Latinoamérica, de manera muy tímida algunos países se están dirigiendo hacia la prohibición. En este grupo está Costa Rica, algunos estados de Brasil y una provincia de Argentina.

3.5. Los intentos para el uso del fracking en Colombia

Es de inicios de la década pasada, la Agencia Nacional de Hidrocarburos (ANH) había empezado los estudios para el otorgamiento de permisos dirigidos al uso de la técnica del *fracking* en seis bloques de hidrocarburos no convencionales en el Magdalena Medio.

Fue así como el Ministerio de Minas y Energía expidió la Resolución 180742 de 2012, con la cual se establecía los procedimientos para la exploración y explotación de yacimientos no convencionales. También se expidió el Decreto 3004 de 2013 con el cual se establecían las normas técnicas y procedimientos en materia de *fracking* y yacimientos no convencionales, las cuales se publicaron en la Resolución 90341 de marzo de 2013.

El citado Decreto 3004 definía como yacimiento no convencional "la formación rocosa con baja permeabilidad primaria a la que se debe realizar estimulación para mejorar las condiciones de movilidad y recobro de hidrocarburos".

Según la misma norma, tales yacimientos incluyen "gas y petróleo en arenas y carbonatos apretados, gas metano asociado a mantos de carbón (CBM), gas y petróleo de lutitas (*shale*), hidratos de metano y arenas bituminosas".

En su momento, el entonces presidente de Ecopetrol Juan Carlos Echeverry dio su apoyo al *fracking*, al igual que el ministro de Minas y Energía quien aseguró que las ganancias del *fracking* servirían para financiar parte de la paz y el postconflicto.

Cuando todo el panorama parecía consolidado para iniciar la ejecución, la Sección Tercera del Consejo de Estado expidió un auto el 8 de noviembre de 2018 mediante el cual ordenó como medida cautelar la suspensión provisional del Decreto 3004 de 26 de diciembre de 2013 "Por el cual se establecen los criterios y procedimientos para la exploración y explotación de hidrocarburos en yacimientos no convencionales", y de la Resolución 90341 de 2014, del Ministerio de Minas y Energía, "Por la cual se establecen requerimientos técnicos y procedimientos para la exploración y explotación de hidrocarburos en yacimientos no convencionales".

La Sala advirtió que esta decisión no impedía la realización de proyectos piloto integrales de investigación (PPII), contenidos en el capítulo 14 del "Informe sobre efectos ambientales (bióticos, físicos y sociales) y económicos de la exploración de hidrocarburos en áreas de posibles despliegues de técnicas de fracturamiento hidráulico de roca generadora mediante perforación horizontal", elaborado por el Comité de Expertos convocado por el Gobierno Nacional.

Posteriormente en septiembre de 2019, el mismo Consejo de Estado mantuvo las medidas cautelares con las que suspendió en noviembre de 2018 las normas que regulan el *fracking* en Colombia. Sin embargo, la decisión no impedía la realización de proyectos piloto integrales de investigación (PPII), del "Informe sobre efectos ambientales (bióticos, físicos y sociales) y económicos de la exploración de hidrocarburos en áreas de posibles despliegue de técnicas de fracturamiento hidráulico de roca generadora mediante perforación horizontal", elaborado por el comité de expertos convocado por el Gobierno Nacional.

En el periodo presidencial de Iván Duque (2018-2022), su gobierno firmó el primer contrato para desarrollar un proyecto piloto de fracturación hidráulica en Colombia. La Agencia Nacional de Hidrocarburos (ANH), adscrita al Ministerio de Minas y Energía, y la petrolera estatal Ecopetrol, subscribieron dicho contrato para ejecutar el denominado Proyecto de Investigación Kale el 24 de diciembre de 2020.

Este proyecto estaba ubicado en un sector conocido como La Belleza, en el municipio de Puerto Wilches, departamento de Santander, en el valle del Magdalena Medio y Ecopetrol sería la empresa encargada de su ejecución. El objetivo del mismo era evaluar si el país puede o no producir y comercializar hidrocarburos extraídos mediante la técnica de *fracking*.

Este proyecto tenía un valor de USD 76 mil millones y abarcaba un área de exploración de 455 hectáreas. Las perforaciones debían iniciar a mediados del 2021, luego de la obtención de licencias ambientales. Este contrato se suscribió a pesar de que 50 congresistas le pidieran al Ejecutivo suspender los proyectos piloto de *fracking*.

Finalmente, la última estocada la dio una jueza que ordenó dentro de una acción de tutela, la suspensión del primer proyecto piloto de *fracking* en el país, que se iba a ejecutar en Puerto Wilches, en el departamento de Santander (este), porque no hubo consulta previa con las comunidades de la zona, como lo prevén las normas vigentes.

4. Resultados de la participación ciudadana en la oposición de los proyectos ambientales

En este capítulo se adelantarán los resultados de la participación ciudadana como mecanismo para oponerse a los proyectos ambientales, específicamente a aquellos relacionados con glifosato, exploración y explotación de recursos naturales no renovables y *fracking*, el cual constituye un subtema dentro del segundo.

En un primer momento, se evaluarán las principales acciones constitucionales interpuestas en virtud de la protección de los derechos frente a los proyectos ambientales en el territorio colombiano. Por otro lado, se analizarán las consultas populares y previas en pro de la defensa de los principios de participación ciudadana y derechos ambientales de las personas y pueblos originarios en Colombia; y así analizar la eficacia de estos mecanismos frente a la ejecución o no de estos proyectos ambientales.

Por último, se realizará una propuesta buscando que la consulta popular reestructure su reglamentación y goce de mayor eficacia en la protección de los principios de participación ciudadana y de los derechos ambientales de la sociedad, garantizando a su vez, el aspecto económico de la República de Colombia.

4.1. Acciones constitucionales en oposición a los proyectos ambientales

Los mecanismos de participación ciudadana más usados por la sociedad para evitar los proyectos ambientales en los territorios es la consulta popular y la previa realizada por los pueblos indígenas en Colombia. Sin embargo, se evidencia que en ocasiones no son suficientes para lograr los objetivos deseados por la ciudadanía, lo que reduce su efectividad en la protección de los derechos ambientales.

En este apartado se analizarán, los casos más destacados donde las consultas populares y consultas previas adelantadas en el territorio nacional, que han sido evaluadas por la Corte Constitucional en sentencias de tutela o de unificación. Dentro de estas providencias se evidencian diversas problemáticas respecto al desarrollo de los mecanismos de participación ciudadana, el más relevante es el cambio del precedente constitucional.

Conforme al análisis jurisprudencial se ha logrado determinar que la Corte Constitucional entiende que existe un conflicto entre la potestad de las personas que pretenden realizar la consulta popular en defesa de sus derechos y el territorio, y la autonomía del Estado unitario para ejecutar proyectos ambientales en pro de la economía de la República y el bienestar general.

La autora Naidú Duque Cante (2009) expone que la autonomía territorial en el Estado colombiano es muy distinta al concepto tradicional, porque comprende una independencia en su estructura administrativa pero no en la legislativa. El territorio se tendrá que gobernar bajo la legislación nacional, y no tendrá autonomía administrativa que sobrepase a la impuesta por el Estado.

> El sustrato del concepto de autonomía territorial para Colombia siendo un Estado unitario comprende un espectro bastante restringido en comparación con otras formas de Estado, ya que responde únicamente a materias de tipo administrativo, dejando la totalidad de los ámbitos legislativo, constitucional y judicial en manos del Estado central. (Duque, 2009, p.111).

En cuanto al Estado unitario, la Corte Constitucional da cuatro características principales del mismo *(i)* la cohesión en la normativa, *(ii)* la presencia de criterios consistentes a nivel nacional, *(iii)* la subordinación de las competencias locales a la ley, *(iv)* y la existencia de competencias centralizadas para establecer políticas válidas en todo el país, las cuales son aspectos fundamentales del principio de unidad. A su vez, este principio también implica la posibilidad de ejecutar intervenciones específicas que pueden suplantar incluso las funciones habituales de las entidades territoriales, cuando exista un interés nacional de mayor importancia. (CConst, SU-095 de 2018, M. P. C. Pardo).

Con base en las características determinadas por la Corte Constitucional, se evidencia que el primer inconveniente que surge es el conflicto entre la autonomía territorial y el principio de un Estado unitario. La Sentencia C-123 de 2014 aborda esta problemática, ya que es donde se origina esta dificultad.

El punto más relevante que desarrolla la sentencia antes mencionada es que la autonomía territorial se encuentra delimitada por el Estado unitario, pero esto no implica que se vea vulnerada; sin embargo, ambas partes deben adherirse a los principios de coordinación, concurrencia y subsidiariedad en asuntos mineros. Por otra parte, inicia el debate sobre la participación ciudadana como un derecho fundamental en proyectos medioambientales.

Bajo estos preceptos se entiende que el territorio tiene la potestad de intervenir en la aprobación de los proyectos ambientales, por lo cual, no existe una prohibición para oponerse a las exploraciones y explotaciones minero-energéticas. Por el contrario, en esta misma sentencia el Tribunal constitucional declara que es la población la encargada de manera idónea en interferir y proteger la participación real, efectiva y la protección de un medio ambiente sano por medio de los mecanismos de participación ciudadana.

Con base en lo anterior, surge un choque de competencias, ya que las entidades territoriales son autónomas de permitir o impedir proyectos ambientales relacionados con la minería en sus territorios; aunque este principio se encuentre limitado a que el dueño del subsuelo sea el Estado.

Además, existe otra tensión latente, determinar si mediante mecanismos de participación ciudadana la comunidad puede decidir si se permite o prohíbe un proyecto de carácter nacional debido a su impacto en sus derechos fundamentales y el medio ambiente.

La Corte explica que para dirimir este conflicto debe existir un mecanismo donde se respeten los principios de coordinación, concurrencia y subsidiaridad. Con ello, esta Corporación en diferentes providencias definen cada uno de los principios y cómo deben emplearse para no generar conflictos entre la autonomía territorial y el Estado unitario.

Se entiende que el principio de coordinación es la planeación y el desarrollo de las distintas autoridades administrativas que buscan organizarse de manera armónica para desarrollar los intereses de cada uno supeditados a los fines y cometidos del Estado. (CConst, C-983 de 2005, M. P. H. Sierra)

La Sentencia C-123 de 2014 define el principio de coordinación como aquel "que presupone unas reglas uniformes y unas pautas de acción que, sin vaciar de contenido el ámbito de autonomía territorial, permitan una armonización de funcione".

Lo que permite concluir, es que la armonía entre las autoridades administrativas territoriales y la legislación nacional deben respetar los límites de cada una sin desconocer la supremacía legislativa nacional y constitucional. Es crucial desarrollar un equilibrio armónico en un territorio autónomo, considerando las limitaciones constitucionales, pero reconociendo su alto nivel administrativo dentro del mismo.

El segundo principio es el de concurrencia, que consiste en la configuración de una serie de objetivos estatales el cual requiere la cooperación tanto de las autoridades nacionales como de las entidades territoriales. Para asegurar esta colaboración, en ciertas áreas, la actividad estatal debe trabajar en conjunto con participación de los distintos niveles de la administración. Esto implica que el legislador debe asignar las competencias de las entidades nacionales y territoriales, garantizando el ámbito de autonomía constitucional de cada nivel. Así mismo, para mantener la eficacia de esta coordinación, la ley debe asegurar que el ejercicio de las facultades legales concedidas a unas autoridades no obstaculice el ejercicio de las facultades y competencias constitucionales de las otras. (CConst, C-123 de 2014, M. P. A. Rojas)

Por último, se encuentra el principio de subsidiariedad, que consiste en que la intervención del Estado deberá ejecutarse en conjunto con el ciudadano, basándose en el principio democrático y las autoridades administrativas. Además, es el propio Estado el encargado de suplir las necesidades del ciudadano en caso de las autoridades de inferior jerarquía sean incapaces de satisfacerlas. (CConst, C-123 de 2014, M. P. A. Rojas).

Teniendo en cuenta los principios que debe regir la conducta del Estado unitario con el fin de respetar la autonomía territorial y promover la participación ciudadana en la aprobación y ejecución de los proyectos ambientales, especialmente los destinados a la exploración y explotación de recursos naturales no renovables, se entiende que este último se garantiza por medio de la consulta popular y/o previa. Por lo tanto, la Corte Constitucional ha establecido pautas sobre cómo debe llevarse a cabo esta ejecución y ha evaluado si es el mecanismo adecuado o no.

La Sentencia SU-095 de 2018 postula inicialmente que la consulta popular no es el mecanismo idóneo para encontrar el equilibrio entre estos principios, únicamente podrá realizarse bajo estos presupuestos: *(i)* la consulta popular podrá efectuarse a nivel nacional, departamental, distrital, municipal o local; *(ii)* la comunidad se pronunciará sobre el tema del territorio donde ellos habitan, una ciudad no puede decidir sobre otro municipio o departamento, y tampoco puede versar sobre un asunto de carácter nacional y *(iii)* este mecanismo de participación debe iniciarse, desarrollarse y basarse solo en el territorio donde se va a consultar.

La Sentencia C-150 de 2015 aclara que la consulta popular, regulada en los artículos 104 y 105 de la Constitución, está limitada a temas dentro de las competencias del nivel territorial correspondiente. Por lo tanto, no es posible llevar a cabo una consulta popular municipal sobre asuntos de competencia departamental, ni una consulta popular impulsada por el presidente de la República puede abordar exclusivamente temas territoriales.

Por lo anterior, se infiere que existen unos límites establecidos por la Constitución, el primero se relaciona con el conflicto de competencias, restringiendo la consulta popular para abordar únicamente problemáticas propias del territorio donde se desarrolla, con el fin de evitar quebrantar las reglas de competencia.

El segundo límite con las reglas establecidas por la Corte constitucional en la formulación y redacción de la pregunta. La Sentencia T-445 de 2016 plantea "la doble exigencia de claridad y transparencia", donde el interrogante formulado no induzca al lector a interpretar o a persuadir la respuesta del problema en cuestión, se busca una pregunta neutral donde se vele por la participación del ciudadano y por sus intereses.

Partiendo de los límites establecidos por la Corte Constitucional y la misma Constitución Política se determina que hay falencias en los mecanismos de participación ciudadana en temas relacionados con la exploración y explotación de recursos naturales no renovables. Esto debido a que los límites presentan un choque entre la autonomía del territorio y el Estado unitario, ya que la consulta popular es procedente nacional, departamental, distrital, municipal o local, pero no se puede adelantar la misma frente a afectaciones fuera del territorio que indirectamente puede perjudicar a otras poblaciones y por lo cual necesariamente deben ser consultadas.

Para implementar eficazmente este mecanismo de participación, es fundamental formular una pregunta que cumpla con todas las reglas establecidas por la Corte Constitucional, garantizando así que no haya ningún defecto en su redacción. El objetivo es obtener, a través de respuestas de "sí" o "no" por parte de la ciudadanía. Sin embargo, es importante destacar que las respuestas y el diálogo resultantes pueden ser limitados. Esto lleva a concluir que, aunque sea un mecanismo valioso para equilibrar los principios y promover el bienestar del territorio y del Estado, no se debe ignorar la autonomía y los derechos de la sociedad.

La Corte Constitucional manifiesta que existe una falta de cobertura constitucional en lo que respecta a los métodos de participación ciudadana y los mecanismos de coordinación y subsidiariedad entre el gobierno nacional y las entidades territoriales en proyectos relacionados con la extracción de recursos del subsuelo y los recursos naturales no renovables (RNNR). (CConst., SU-411 de 2020, M. P. A. Rojas).

El déficit de mecanismos de participación ciudadana creado en la Sentencia SU-095 de 2018 determina la existencia de un vacío legal y constitucional que no ha sido resuelto por el legislador; ya que los mecanismos de participación no permiten una efectiva intervención ciudadana y los que son usados para controlar la ejecución de los proyectos que afectan el medio ambiente, como la consulta popular y previa, no son procedentes debido a la falta de coherencia que existen entre los principios y las circunstancias reales. Por ello, la Corte en esta providencia realiza una exhortación donde impulsa la pronta solución de este problema debido a que existe una desprotección constitucional.

En ese sentido, el legislador debe tener en cuenta las garantías relacionadas con la coordinación y concurrencia entre la Nación y el territorio, así como la participación ciudadana en la exploración y explotación de Recursos Naturales No Renovables (RNNR). Estas garantías deben adaptarse a la especificidad, tecnicidad y complejidad de los proyectos, como la etapa de exploración o explotación en la cadena del sector hidrocarburos, que puede incluir la exploración sísmica, la exploración perforadora y la producción.

En el caso de proyectos mineros, deben contemplarse aspectos como la exploración, construcción, montaje o explotación, considerando si se trata de una mina a cielo abierto o subterránea. Esto es crucial porque la protección constitucional establecida debe ser de un grado superior en relación con el nivel de afectación que pueda generar la operación de proyectos en el sector minero energético.

Asimismo, con el propósito de cumplir con las disposiciones constitucionales y las directrices establecidas en las Sentencias C-123 de 2014, C-035 de 2016, C-389 de 2016 y C-273 de 2016 de la Corte Constitucional, la Sala Plena instruirá a las entidades pertenecientes a los sectores minero energético y ambiental de la rama ejecutiva del poder público, es decir, al MME, MADS, ANLA, ANM, ANH, UPME, SGC, para que en la formulación de la política pública de los sectores de hidrocarburos y minería, así como en los contratos de concesión, fortalezcan de manera respectiva las estrategias y cláusulas contractuales relacionadas con la participación ciudadana, la provisión de información, la coordinación de acciones sociales y las inversiones sociales en colaboración con entidades gubernamentales.

En ese sentido, se les insta a exigir a las empresas del sector minero energético que respeten los derechos humanos, implementen acciones de debida diligencia para gestionar los riesgos ambientales y sociales asociados con sus operaciones, y amplíen los canales de información con los alcaldes de los municipios en los que llevan a cabo sus actividades. (CConst, SU-095 de 2018, M. P. C. Pardo).

Lo que en síntesis significa que se deben reunir factores de reconocimiento del ciudadano, afectaciones ambientales probables y futuras, cuidado medioambiental, el impacto económico y social, con el fin de que los mecanismos de participación sean efectivos y que beneficie a las organizaciones sin que existe una vulneración de derechos e intereses a gran escala.

Considerando el carácter general de las decisiones relacionadas con la extracción minero-energética y la terminología empleada para hacer referencia a la "extracción de recursos del subsuelo", se puede inferir que las determinaciones respecto a la viabilidad de la consulta popular se aplican igualmente a los proyectos de extracción de hidrocarburos. No obstante, se observa que la Corte Constitucional, en la mayoría de sus pronunciamientos, respalda la procedencia del amparo constitucional para las comunidades indígenas y étnicas mediante mecanismos como la consulta previa, salvaguardando así sus derechos fundamentales.

4.2. Las consultas populares en oposición a los proyectos de exploración y explotación de RNNR

Las consultas populares son un mecanismo de participación ciudadana previsto en la Constitución Política de Colombia, que ha tenido un desarrollo jurisprudencial considerable, principalmente por parte de la Corte Constitucional y del Consejo de Estado. Este mecanismo ha sido empleado por la sociedad para detener proyectos de exploración y explotación de recursos naturales no renovables y así garantizar los derechos fundamentales que puedan resultar afectados.

En este apartado se hará un recuento de las principales consultas populares que se han adelantado en los municipios de Colombia. Es importante aclarar que según Nicolás Figueroa (2023) este mecanismo de participación tiene tres grandes momentos históricos los cuales se resumen en *(i)* el empoderamiento ciudadano, *(ii)* la reacción institucional y *(iii)* la resistencia informal.

En el primer punto se aborda la evolución y el impacto de las consultas populares como una forma de participación ciudadana en Colombia, específicamente en el contexto de la política minero-energética y la explotación de recursos naturales no renovables (RNNR). Se destaca que, aunque las consultas populares no surgieron exclusivamente por la promulgación de la Constitución Política de Colombia de 1991 que contempló la participación ciudadana como valor, principio y fin; si es importante resaltar que fue a partir de ese momento que comenzaron a tener mayor relevancia.

Para el año 2013 ya se observaba que la política minero-energética avanzaba sin el adecuado cumplimiento de las normativas que exigían la participación de las comunidades en los procesos de licenciamiento ambiental. Esto llevó a movimientos y resistencias sociales a buscar alternativas para abordar esta falta de participación, influenciados por experiencias de otros países como Perú, Argentina y Guatemala. (Figueroa, 2023).

La Ley 134 de 1994 es de gran importancia en los procesos participativos ya que establece la posibilidad de realizar consultas populares a nivel municipal para tomar decisiones vinculantes sobre asuntos locales. Los municipios que iniciaron con las consultas fueron Piedras–Tolima y Tauramena–Casanare, donde la ciudadanía se opuso mayoritariamente a proyectos extractivos que podrían afectar sus territorios y recursos naturales.

Sin embargo, se señala que no todas las consultas populares tuvieron el mismo éxito, como en el caso de Pijao–Quindío, donde hubo dificultades y oposición por parte de empresas extractivas y el Gobierno nacional. Esto condujo a una disputa jurídica sobre las competencias de los municipios para prohibir actividades extractivas en sus territorios.

Pese a los desafíos legales y la resistencia del Gobierno nacional para oponerse a las consultas populares, la Corte Constitucional respaldó tímidamente el derecho de los municipios a decidir sobre actividades extractivas en sus territorios, siempre y cuando se respetaran los principios constitucionales de concurrencia, coordinación y subsidiariedad. Esto permitió que varias consultas populares se llevaran a cabo con éxito en diferentes municipios, pero sin generar la seguridad jurídica que se esperaba.

En el segundo momento, se destaca cómo diversas instituciones estatales, como la Procuraduría General de la Nación y la Registraduría Nacional del Estado Civil, respaldaron las iniciativas del Gobierno y las empresas extractivas para dificultar el uso de las consultas populares en las actividades extractivas en los territorios.

La Procuraduría adelantó procesos disciplinarios a los alcaldes y concejales que promovían las consultas, argumentando que no tenían competencia para intervenir en la explotación del subsuelo y por lo tanto no hacían parte de sus funciones públicas ni políticas. Esto generó que algunos procesos de consulta no avanzaran y llevó a un periodo de "silencio de las consultas" entre 2014 y 2015. Sin embargo, con la nueva ley de participación ciudadana de 2015, que permitió las consultas de iniciativa ciudadana, los movimientos sociales pudieron reactivar estos procesos en sus municipios, algunos de los cuales culminaron con éxito en 2017.

Es de añadir que durante el periodo de "silencio", se logró adelantar un proceso de cabildo abierto en el municipio de Onzaga–Santander donde se tomaron dos decisiones fundamentales de procedimiento. La primera encaminada a la realización de la consulta popular con el fin de detener proyectos exactivistas en el territorio y la segunda fue pedir la "revocatoria de la resolución que concesiona el río Chaguacá a favor de Panachi" (Red por la Justicia Ambiental en Colombia, 2014).

En otro momento, el Consejo de Estado profirió una medida cautelar adelantada por ECOPETROL dentro del proceso No. 11001-03-15-000-2014-00788-00 frente a la consulta popular adelantada en el municipio de Monterrey–Casanare. En esta oportunidad el alto Tribunal Administrativo ordenó la suspensión del Decreto Municipal 013 del 3 de abril del 2014 que convocaba a la comunidad a participar en la consulta popular, esto debido a que vulnera régimen legal de competencias.

Por otro lado, se realizó una de las consultas populares más representativas de Colombia, es la que se ejecutó en el municipio de Cajamarca–Tolima en el 2016, donde la comunidad dijo "no" a los proyectos extractivistas en el territorio, esta respuesta fue ratificada por el Concejo municipal a través del Acuerdo No. 003 del 16 de mayo del 2017. Este fue demandado alegando que se desconocía lo establecido por el precedente jurisprudencial y lo establecido en la ley, pero el Juzgado Segundo del Circuito de Ibagué en primera instancia avaló la consulta popular y el Acuerdo proferido por el Concejo de ese municipio, quedando así en firme dicha participación y prohibiendo las actividades extractivas en el territorio.

El 26 de febrero de 2017, se llevó a cabo una consulta popular cuyo resultado se basó en el reconocimiento histórico de las luchas agrarias, así como en la organización y participación activa del comité de impulso de la Zona de Reserva Campesina (ZRC) en la protección del agua y la vocación agrícola del municipio de Cabrera–Cundinamarca, decidiendo "no" a los proyectos hidroeléctricos en la región.

Esta iniciativa contó con el respaldo del comité promotor de la consulta, que coordinó la acción colectiva y utilizó diversos medios de comunicación populares y alternativos, así como la participación de diferentes actores sociales, de sectores productivos, políticos, jurídicos, ambientales y académicos, con el objetivo de expresar un rotundo rechazo bajo el eslogan "Ni un paso al Paso". (Contreras, 2022).

El otro ente encargado de entorpecer las consultas populares es la Registraduría, esta obstaculizó varias consultas al aducir falta de financiamiento, replicando que los recursos debían provenir de los municipios y no del Gobierno nacional. Esto llevó a la suspensión de al menos once consultas populares para el año 2018 (Muñoz y Peña, 2019). Estas estrategias fueron vistas como una violación del derecho a la participación política por parte del Estado, lo que llevó a los movimientos sociales a buscar alternativas informales.

Por otra parte, se agudizó más la efectividad de las consultas populares contra las actividades extractivas por parte de la Corte Constitucional en 2018. En la Sentencia SU-095 de 2018 se adelantó el caso de la consulta popular que deseaba realizarse en el municipio de Cumaral–Meta. Aquí, la Corte estableció que los municipios no tienen competencia para prohibir la exploración y explotación de recursos naturales no renovables del subsuelo, incluso a través de consultas populares, argumentando que estas decisiones deben tomarse de manera coordinada y concurrente entre las instancias centrales y locales, y que las consultas otorgaban un poder de veto a los municipios que desconocía las competencias del Gobierno nacional.

Esta decisión profundizó el déficit de protección constitucional en materia de participación ciudadana, ya que la Corte priorizó los intereses económicos del Estado sobre los derechos de las comunidades locales y eliminó el principio de subsidiariedad de su análisis. A pesar de la exhortación de la Corte al Congreso para regular la consulta popular, hasta la fecha no todo aquello ha permanecido en proyectos de ley. Esta situación ha generado una sensación de impotencia entre los líderes de los movimientos sociales, que ven cómo se debilita uno de los pocos mecanismos disponibles para oponerse a las actividades extractivas en sus territorios.

Pese a las decisiones antes mencionadas, los movimientos sociales en Colombia continúan luchando por su derecho a participar en las decisiones sobre la explotación de los recursos naturales en sus territorios. Se destaca que estas resistencias no son simplemente reactivas, sino que también representan una visión utópica de un futuro diferente y una forma de visibilizar y promover iniciativas y formas de vida alternativas que habían sido marginadas (Roa, 2012).

Las consultas populares han sido utilizadas como parte de esta resistencia, empoderando a los movimientos sociales durante un tiempo, aunque luego enfrentaron obstáculos por parte de instituciones estatales como la Procuraduría, la Registraduría y la Corte Constitucional. Ante estas dificultades, algunas comunidades han recurrido a participar bajo un mecanismo denominado "consultas populares legítimas" (Figueroa, 2023, p. 54) o consultas populares autónomas, estas no son legalmente vinculantes, pero buscan expresar el rechazo de la comunidad a los proyectos extractivos y enviar un mensaje político claro.

En ese sentido, se adelantó la consulta popular en el municipio de La Macarena en el Meta. El 26 de noviembre de 2017 se convocó a la ciudadanía a participar y decidir frente a la ejecución de proyectos mineros y extractivistas en este territorio. Previamente, el 18 de septiembre del mismo año el Tribunal Administrativo del Meta concluyó que la pregunta que se platearía era constitucional y por lo tanto recibía el aval para que en la fecha prevista se realizara.

La consulta popular prevista en este municipio fue suspendida por el Gobierno nacional, pese a que existía un presupuesto específico para ejecutarla. En forma de protesta, los habitantes del territorio salieron a marchar el día 26 de noviembre de 2017, manifestando su desconcierto ante la suspensión de esta consulta bajo el eslogan "Sí al agua, no al petróleo". (Rojas, 2017)

Se detalla el caso de San Lorenzo–Nariño bajo la figura de consulta popular autónoma el 25 de noviembre de 2018

> participaron 6.674 personas, de las cuales 6.660 votaron por el "no", lo que representa el 98,46% de los escrutinios. La participación en las urnas y la realización de la consulta por parte de las mismas comunidades hace que este sea un referente histórico a nivel municipal, departamental y nacional, en tanto acto simbólico democrático, que cuestiona y refleja la carencia de mecanismos de participación ciudadana eficaces frente a la constante profundización del extractivismo (Lazala, 2019).

En Mercaderes–Cauca, se realizó una consulta popular legítima el día 3 agosto de 2019 donde hubo un total 6.449 personas que expresaron su oposición, mientras que solo 17 indicaron estar a favor, frente a la pregunta si respaldaban las actividades de exploración y explotación de minería metálica o de hidrocarburos. La tarea de contar los votos fue llevada a cabo por una Registraduría comunitaria, ya que no se contó con el respaldo del Gobierno nacional. Esta consulta adquirió importancia a nivel nacional gracias al apoyo solidario de organizaciones y movimientos ambientalistas que respaldaron los esfuerzos de esta pequeña comunidad del macizo colombiano en su lucha por la protección del agua (Pogrebinschi, 2019).

Se destaca que estas prácticas informales de resistencia evidencian la importancia continua del derecho constitucional para la movilización ciudadana. Aunque las interpretaciones de la Corte Constitucional han limitado la democracia participativa en el contexto de los conflictos extractivos, las comunidades continúan luchando por su participación democrática dentro de los márgenes establecidos por el sistema legal. La informalidad de estas prácticas resalta las deficiencias en el cumplimiento de las promesas constitucionales y la necesidad de encontrar alternativas para una participación ciudadana efectiva y legítima.

4.3. Eficacia de los mecanismos de participación ciudadana

En la implementación de la consulta previa y la consulta popular se han evidenciado incoherencias entre la autonomía territorial y el Estado unitario, principalmente en lo que respecta a la competencia, alcance y efectos de la consulta. Se han presentado conflictos en relación con quién tiene la autoridad para convocar la consulta, si corresponde a la entidad territorial o al nivel nacional, lo cual ha ocasionado incertidumbre y retrasos en su realización.

Asimismo, ha surgido debate en los temas que pueden ser objeto de consulta, pues se cuestiona si estas pueden abordar asuntos de competencia nacional o si están restringidas únicamente a asuntos de competencia territorial.

Por último, los efectos de la consulta en términos de su vinculación para las autoridades han sido motivo de controversia, ya que se discute si las consultas tienen carácter vinculante o si solo poseen un carácter consultivo.

Aunque las consultas populares no surgieron exclusivamente por la promulgación de la Constitución Política de Colombia de 1991 que contempló la participación ciudadana como valor, principio y fin; si es importante resaltar que fue a partir de ese momento que comenzaron a tener mayor relevancia.

En el ámbito ambiental, este derecho ha adquirido especial relevancia como herramienta para la protección de los recursos naturales y los derechos de las comunidades. La Corte Constitucional, como máximo órgano de interpretación constitucional, ha desempeñado un papel fundamental en la configuración del panorama de la participación ciudadana ambiental. Sin embargo, su postura ha sido objeto de debate debido a las contradicciones y limitaciones que han surgido en sus sentencias, especialmente en lo que respecta al mecanismo de consulta popular y consulta previa.

La Corte ha reconocido en diversas sentencias el derecho fundamental a la participación ciudadana en materia ambiental como lo es el caso de las sentencias C-031 de 1993, C-138 de 2001, T-052 de 2012, entre otras. Este derecho se fundamenta en el principio de democracia participativa consagrado en el artículo 40 de la Constitución, el cual establece que "el pueblo es el titular de la soberanía" y que tiene el derecho a "participar en las decisiones que puedan afectarlos".

En este sentido, la Corte ha señalado que la participación ciudadana es esencial primero que todo para garantizar el acceso a la información ambiental, donde las comunidades tienen derecho a conocer de manera oportuna y completa la información sobre los proyectos que pueden afectar el medio ambiente (CConst, C-031 de 1993, M. P. H. Sucre).

Así mismo el promover la transparencia y la rendición de cuentas, en los procesos de participación ciudadana pues estos deben ser claros y permitir a las comunidades tener una incidencia real en las decisiones que se toman (CConst, C-138 de 2001 M. P. J. Hernández).

Por otro lado, el fortalecer la toma de decisiones, puesto que la participación ciudadana enriquece estos procesos al incorporar diferentes perspectivas y conocimientos. Por último, el proteger los principios ambientales, teniendo en cuenta que la participación ciudadana es una herramienta fundamental para la defensa de los derechos de las comunidades. (CConst, T-052 de 2012, M. P. M. Calle).

A pesar de este reconocimiento, la Corte también ha establecido una serie de limitaciones y requisitos para el ejercicio de la participación ciudadana, especialmente en lo que respecta a mecanismos como la consulta popular y la consulta previa. Estas limitaciones han generado un debate sobre la verdadera eficacia de la participación ciudadana en materia ambiental en Colombia. De hecho, esos requisitos establecidos por la Corte han hecho que la consulta popular sea un mecanismo poco utilizado y de difícil implementación (Garay, 2010).

En consecuencia, respecto a la consulta popular, la Corte ha limitado su aplicación en asuntos de competencia municipal o distrital. Por ejemplo, en la Sentencia C-138 de 2001 excluye la participación ciudadana en proyectos que sean de competencia nacional o departamental.

Además de lo mencionado anteriormente, la Corte Constitucional ha establecido requisitos estrictos para la formulación de la pregunta en las consultas, lo que ha dificultado su implementación en algunos casos, como se evidenció en la Sentencia C-161 de 2003.

En consecuencia, para respaldar su postura sobre los temas mencionados, se ha argumentado que tanto la consulta popular como la consulta previa no poseen carácter vinculante para el Estado. Esto implica que los resultados de las consultas no son obligatorios para las autoridades, lo que priva al mecanismo de cualquier intento de efectividad que podría tener para la ciudadanía. La falta de vinculación de los resultados ha permitido que las autoridades pasen por alto la voluntad expresada por las comunidades en dicha consulta (Tamayo y García, 2018).

Esto se evidencia cuando la Procuraduría General de la Nación, ha emitido conceptos y ejecutado actuaciones que han dificultado el uso de las consultas populares en actividades extractivas, realizando una interpretación restrictiva de la normativa sobre las consultas populares, limitando su alcance y aplicación, lo que a su vez ha generado obstáculos para que las comunidades puedan ejercer su derecho a participar en las decisiones que afectan su territorio.

La misma institución, también ha desconocido en los casos descritos en el subtítulo anterior, la autonomía local, interfiriendo en las decisiones de las entidades territoriales sobre la realización de consultas populares, lo que ha debilitado el principio de descentralización y la capacidad de las comunidades para defender sus intereses. Demostrando también en múltiples ocasiones una falta de sensibilidad social al respaldar iniciativas que buscan dificultar la participación ciudadana en temas de gran impacto ambiental y social, como las actividades extractivas.

Del mismo modo, la Registraduría Nacional del Estado Civil ha mantenido posturas cuestionables frente a las consultas populares en actividades extractivas. En primer lugar, ha establecido requisitos excesivamente complejos y formalistas para llevar a cabo estas consultas, lo que ha dificultado su implementación en la práctica; añadiendo también las demoras injustificadas en la revisión y aprobación de las solicitudes de consulta popular, lo que ha retrasado el ejercicio del derecho a la participación ciudadana.

Las anteriores acciones configuran una enorme preocupación, en cuanto a la relación entre la ciudadanía y las autoridades, ya que la ausencia de obligatoriedad de los resultados de la consulta debilita el poder de decisión de los ciudadanos y socava la legitimidad del proceso democrático. Partiendo de estas conclusiones resulta fundamental revisar y fortalecer los mecanismos de participación ciudadana para garantizar una democracia efectiva y que refleje verdaderamente la voluntad del pueblo.

La Corte Constitucional ha establecido en la Sentencia C-031 de 1993, las condiciones estrictas para la realización de la consulta previa, limitándola únicamente a la existencia de un pueblo indígena o una comunidad afrodescendiente con identidad cultural propia, lo cual es un punto para resaltar, pero ese enfoque que protege los derechos culturales de estos grupos ignoró la identidad y el arraigo territorial de otros ciudadanos respecto de su propia región. Esta omisión ha sido una constante por parte de la Corte, el no tener en cuenta a las poblaciones que también se han visto afectadas por decisiones que impactan negativamente sus regiones, aunque estas no pertenezcan a algún grupo de especial protección constitucional.

Además de los antes mencionado, la sentencia ha restringido el ámbito de la consulta previa únicamente a la protección de los derechos culturales de los pueblos indígenas y afrodescendientes, dejando de lado otros aspectos igualmente importantes, como los derechos ambientales y de la participación.

Estas restricciones y contradicciones han creado un panorama complejo para la participación ciudadana en asuntos ambientales en Colombia, ya que, en la práctica, las comunidades se enfrentan a numerosas dificultades para ejercer su derecho a participar de manera efectiva en los procesos de toma de decisiones que impactan su territorio. Esta situación subraya la necesidad de revisar y replantar los procesos establecidos para la realización de la consulta previa, con el fin de garantizar una participación inclusiva y significativa de todas las partes interesadas en la protección del medio ambiente y la toma de decisiones que le conciernen.

Por otro lado, el Tribunal constitucional ha permitido al Estado negar la realización de la consulta previa en casos donde el proyecto sea considerado de "interés nacional", lo que implica que se otorga prioridad a los intereses económicos sobre los derechos ambientales en las decisiones de la Corte y otras instituciones estatales; si bien estas disposiciones buscan proteger proyectos de gran importancia financiera que puedan beneficiar al país en su conjunto, también pueden ser utilizadas como una herramienta para ignorar la participación ciudadana y los derechos de las comunidades afectadas.

En la actualidad, la búsqueda de un desarrollo sostenible se ha vuelto una necesidad actual y real para asegurar un futuro próspero tanto para las generaciones actuales como para las futuras y este desafío radica en encontrar el equilibrio entre el crecimiento económico, la preservación del medio ambiente y el bienestar social. Es justamente en este contexto, donde la participación ciudadana emerge como un elemento esencial para impulsar un enfoque de desarrollo que sea sostenible a largo plazo.

Las comunidades locales desempeñan un papel protagónico en este proceso, ya que son las principales afectadas por las decisiones que se toman en cuanto al uso de los recursos naturales y el desarrollo de proyectos en sus territorios. Por lo tanto, es fundamental que estas comunidades sean escuchadas y participen activamente en la toma de decisiones que moldean su entorno y determinan su calidad de vida.

En este sentido, la Corte Constitucional debería enfocarse a través de sus providencias en buscar garantías para proteger los derechos ambientales, asegurar la participación ciudadana y fomentar la aplicación de los principios del desarrollo sostenible; en lugar de adoptar posturas tímidas hacia otros organismos estatales y empresas privadas inversionistas que a menudo financian este tipo de proyectos que pueden afectar el equilibrio ambiental y social.

Solamente a través de la colaboración activa entre el Estado, las comunidades y, en este caso, la Corte Constitucional, se podrá avanzar hacia un desarrollo que garantice la prosperidad y el bienestar de todos, sin comprometer los recursos naturales ni el equilibrio ecológico, lo que necesariamente implica garantizar la participación ciudadana como un eje fundamental para impulsar un enfoque de desarrollo sostenible, donde las comunidades sean escuchadas participando activa y efectivamente en la toma de decisiones que afectan su entorno y su calidad de vida.

Otra consecuencia, de la ineficacia de la consulta popular, que van más allá de su ejecución, es la sensación de desilusión y desconfianza que se genera en las comunidades sobre la nula efectividad los mecanismos de participación ciudadana, que la misma Corte Constitucional ha causado. Los ciudadanos perciben que sus voces no son escuchadas y que sus derechos no son debidamente respetados, lo cual debilita la confianza en la legitimidad del proceso democrático en el país.

Esta situación conlleva a un debilitamiento del principio de democracia participativa, tal como está consagrado en la Constitución Política de Colombia, puesto que las comunidades pierden progresivamente la capacidad de influir en las decisiones que afectan su entorno y su bienestar, lo que mina la base misma de una sociedad democrática.

Así pues, la ineficacia de la consulta popular contribuye a perpetuar las desigualdades sociales y ambientales y son precisamente las comunidades más vulnerables, como las comunidades indígenas, afrodescendientes, campesinos, entre otras, las que se ven más afectadas por la falta de mecanismos efectivos de participación ciudadana. Esta situación profundiza las disparidades existentes, dejando a los grupos mencionados anteriormente en una posición aún más precaria frente a las decisiones que afectan sus vidas y entornos.

Los casos estudiados previamente, evidencian cómo, a pesar del ejercicio legítimo de la consulta popular por parte de las comunidades, las decisiones tomadas por las autoridades nacionales han desoído sus demandas y preocupaciones. Esta falta de respuesta efectiva no solo deteriora la confianza en los mecanismos de participación ciudadana, sino que también perpetúa las desigualdades y vulnerabilidades de las comunidades afectadas, dejándolas en una posición de desventaja frente a intereses económicos y políticos más amplios.

Dadas las circunstancias descritas, resulta pertinente que la Corte Constitucional reevalúe sus posturas y que el Estado implemente medidas concretas para fortalecer la consulta popular y la consulta previa, asegurando así su eficacia como instrumentos para la participación ciudadana en la toma de decisiones ambientales, sería oportuno un enfoque que ponga en primer plano el bienestar de las comunidades y la preservación del medio ambiente, reconociendo el derecho fundamental a la participación ciudadana como un mecanismo efectivo y genuino para garantizar los derechos de estas comunidades que puedan resultar afectadas en su persona, su entorno o su territorio.

Finalmente, es determinante que este enfoque vaya más allá de meras formalidades legales y busque verdaderamente empoderar al pueblo en el proceso de toma de decisiones que afectan sus vidas y entornos, lo que implicaría no solo permitirles expresar sus opiniones, sino también asegurar que estas sean tomadas en cuenta de manera significativa en la formulación y ejecución de políticas y proyectos, estableciendo también mecanismos de seguimiento y rendición de cuentas para garantizar que las decisiones tomadas en consulta popular se implementen de manera efectiva y que se brinde la debida protección a las comunidades y al medio ambiente.

4.4. Propuesta para reestructurar la reglamentación de la consulta popular

El análisis llevado a cabo en el transcurso de la presente investigación ha permitido identificar aspectos importantes de la fumigación con glifosato, la explotación minero-energética y el *fracking* en el contexto de la participación ciudadana en Colombia. En el desarrollo de esta, se ha evidenciado una falta de efectividad en los mecanismos de participación asociados con estas actividades, lo cual plantea el desafío de atenderlas desde el punto de vista ambiental, socioeconómico y jurídico.

De esta manera, se ha estructurado una propuesta en tres puntos atacables; en primer lugar, se ha considerado el criterio constitucional, ya que esta ha señalado que la falta de un diálogo amplio y sistemático limita la procedencia de ciertos mecanismos, al no permitir un debate adecuado sobre asuntos de interés nacional y local.

En segundo lugar, se ha explorado la relevancia de la formulación de preguntas y respuestas mediante consensos en el proceso de toma de decisiones relacionadas con la explotación minero-energética y el *fracking*. Esto implica involucrar a todas las partes interesadas y fomentar un diálogo constructivo que permita abordar las preocupaciones y necesidades de la comunidad en general.

Finalmente, se expone el procedimiento para el mecanismo de consulta popular propuesto que promueva una mayor participación de la ciudadanía y una toma de decisiones más transparente y democrática en lo concerniente a estas actividades.

4.4.1. Criterio constitucional

Los mecanismos de participación ciudadana, como se ha identificado previamente, presentan problemas en su aplicación en lo que respecta a los temas de exploración y explotación minero-energética y el *fracking*, principalmente en el mecanismo objeto de debate, que corresponde a la consulta popular y su capacidad limitada para abordar de manera efectiva las actividades extractivas.

La Corte Constitucional al analizar la procedencia de este mecanismo fundamenta sus decisiones en la ausencia de un diálogo amplio y sistemático que permita debatir asuntos de interés local y nacional, respetando los principios de concurrencia, coordinación y subsidiariedad, debido a la limitación a una respuesta cerrada, ya sea afirmativa o negativa (sí o no), no se ajusta a las necesidades que debería poseer un mecanismo de esta importancia.

Teniendo en cuenta lo anterior, resulta pertinente proponer una posible solución al vacío legal identificado por la Corte Constitucional en el presente escrito, con el propósito de garantizar las prerrogativas de un Estado Social de Derecho que promueva la participación ciudadana efectiva en asuntos que puedan afectar sus derechos.

Como se ha mencionado previamente, la restricción a una respuesta binaria constituye un obstáculo identificado por la Corte para el adecuado funcionamiento de este mecanismo. Sin embargo, el artículo 52 de la Ley 134 de 1994, en su capítulo V sobre la consulta popular, establece que: "Artículo 52. Forma del texto que se someterá a votación. Las preguntas que se formulen al pueblo estarán redactadas en forma clara, de tal manera que puedan contestarse con un sí o un no".

Que a su vez encuentra respaldo en lo dispuesto en el artículo 38 (reglas especiales de la tarjeta electoral o del mecanismo electrónico de votación según el mecanismo de participación) de la Ley 1757 de 2015, por el cual se dictan disposiciones en materia de promoción y protección del derecho a la participación democrática, el cual establece en su numeral b que: "No podrán ser objeto de consulta popular o plebiscito proyectos de articulado y las preguntas que se formulen al pueblo estarán redactadas en forma clara, de tal manera que puedan contestarse con un sí o un no".

El legislador, de manera equivocada, relaciona "claridad" con la facilidad de formular preguntas al pueblo donde este simplemente responda con un "Sí" o un "No". Las disposiciones anteriores han configurado el principal criterio de la Corte Constitucional para reafirmar su procedencia. Sin embargo, resulta indispensable revisar otras formas no solo de responder, sino también de preguntar, ya que esto podría implicar que no necesariamente se deban responder como se ha hecho hasta al momento.

La Corte Constitucional, en su calidad de garante de la Constitución Política y de sus preceptos, así como de garantizar el desarrollo del Estado colombiano, ha establecido hasta la fecha un criterio específico respecto a los mecanismos de participación ciudadana, que debería considerar una interpretación más amplia y flexible de los mencionados artículos. Esto permitiría adecuar el mecanismo de consulta popular a las necesidades y realidades, fomentando así una participación ciudadana más efectiva y acorde con los principios constitucionales.

El criterio actual de la Corte, basado en la formulación de preguntas que admitan únicamente respuestas binarias, es decir, un "sí" o un "no", se considera limitado y desfasado en relación con la naturaleza dinámica de la participación ciudadana y la complejidad de los temas abordados en consultas populares, especialmente en el ámbito de la exploración y explotación minero-energética y el *fracking*.

Se argumenta que esta restricción en la formulación de preguntas, establecida en el artículo 38 de la Ley 1757 de 2015, no refleja adecuadamente la diversidad de perspectivas y matices que pueden surgir en torno a estos temas. En consecuencia, se propone una revisión de este criterio constitucional, con el fin de ampliar la gama de respuestas permitidas y, por ende, fomentar un debate más enriquecedor y completo en el contexto de la participación ciudadana.

Esta propuesta se sustenta en la potestad de la Corte Constitucional de adaptar y ajustar la interpretación de la ley a las necesidades cambiantes de la sociedad. Se sostiene que una interpretación más flexible y actualizada del criterio constitucional en materia de consulta popular, permitirá una mayor adecuación a las realidades ambientales, sociales y políticas del país, promoviendo así una participación ciudadana más efectiva y significativa en la toma de decisiones que afectan su entorno y sus derechos.

En este sentido, se destaca la importancia de que la Corte Constitucional asuma no solo un papel activo en la protección y promoción de los derechos de los ciudadanos, sino también uno más propositivo. Esta importancia se evidencia particularmente en lo que respecta a los mecanismos de participación ciudadana en temas de gran relevancia, como la exploración y la explotación minero-energética y el *fracking*.

En este contexto, resulta notable que el Congreso de la República no parezca tener la intención de repensar o actualizar procedimientos que podrían significar un esfuerzo mayor para el Estado, pero con resultados óptimos para el pueblo.

Al modificar su criterio constitucional, la Corte no solo estaría adaptando la interpretación de la ley a las necesidades cambiantes de la sociedad, sino que también estaría impulsando un cambio significativo en la dinámica de participación ciudadana en el país. Teniendo en cuenta que el procedimiento tradicional de consulta popular tiene un enfoque netamente adversarial y binario, que limita la posibilidad de construir consensos y acuerdos duraderos, lo que limita la promoción de una participación activa, un diálogo constructivo y una búsqueda de soluciones conjuntas.

Lo anterior contribuiría a garantizar una democracia más robusta y participativa en Colombia, fortaleciendo así los cimientos del Estado de Derecho y promoviendo una mayor equidad y justicia en la toma de decisiones que afectan a la sociedad en su conjunto.

4.4.2. Formulación de preguntas y respuestas mediante consensos

La propuesta que se presenta a continuación se enfoca en un proceso participativo para abordar la exploración y la explotación minero-energética y el *fracking*, con énfasis en la consulta popular como mecanismo de participación ciudadana, basándose en la necesidad de garantizar una toma de decisiones más amplia, democrática, transparente y equitativa, que tenga en cuenta tanto los intereses de las entidades estatales, como los de las comunidades afectadas.

En primer lugar, se establece la importancia de la colaboración entre las entidades estatales competentes y los representantes de las comunidades. Se busca que esta cooperación esté siempre mediada por un proceso de diálogo abierto y transparente, con el objetivo de generar debates públicos donde se discutan los diferentes aspectos relacionados con los proyectos de exploración y la explotación minero-energética y el *fracking*.

Entre estos aspectos se incluyen:

- La ubicación exacta de los proyectos.
- La cantidad de suelo necesario.
- Los métodos de ejecución.
- Los posibles impactos ambientales.
- Los beneficios esperados.
- La cantidad de recursos que se obtendrán y la manera en la que los mismos serán utilizados.
- Las posibles compensaciones para las comunidades afectadas, así como también para el medio ambiente afectado.

Una vez establecidos estos debates y recopilada toda la información pertinente, se procederá a considerar las opiniones y apreciaciones de todas las partes involucradas. Este proceso de consulta y diálogo se llevará a cabo de manera inclusiva, asegurando la participación de todas las voces interesadas, sin excepción. Se buscará crear un espacio donde cada persona y grupo tenga la oportunidad de expresar sus puntos de vista, preocupaciones y necesidades en relación con los proyectos de exploración y la explotación minero-energética y el *fracking*.

Durante estas discusiones, se analizarán detenidamente la necesidad y viabilidad de llevar a cabo los proyectos propuestos. Se considerarán aspectos como la demanda de recursos, los beneficios económicos esperados y los posibles impactos ambientales y sociales. En caso de que se llegue a la conclusión de que los proyectos son necesarios y viables, se buscarán alternativas que maximicen los beneficios y minimicen los riesgos para todas las partes involucradas.

Estas alternativas pueden incluir medidas de mitigación de impactos ambientales, programas de compensación para las comunidades afectadas, o modificaciones en el diseño o implementación de los proyectos para reducir su impacto negativo. El objetivo es encontrar soluciones equitativas que permitan aprovechar los recursos de manera sostenible, respetando al mismo tiempo los derechos y necesidades de las comunidades locales y protegiendo el medio ambiente.

En este punto, es fundamental aplicar la teoría de las confrontaciones y consensos, desarrolladas por Baruch Fischhoff y William M. Reilly (1987), quienes sostienen que los conflictos son inherentes a las sociedades y que su resolución no puede lograrse mediante la victoria de una parte sobre otra. En cambio, la teoría de confrontaciones y consensos busca transformar los conflictos en procesos de aprendizaje y construcción colectiva, donde las partes involucradas puedan expresar sus intereses, comprender las perspectivas de los demás y trabajar en conjunto para encontrar soluciones que satisfagan las necesidades de todos.

Esta teoría establece que, para la adopción de una decisión, todas las partes deben estar de acuerdo con lo establecido. En el caso que nos atañe, implica que las preguntas y respuestas que se presentarán ante la ciudadanía deberán ser el resultado de un consenso entre todos los participantes en el proceso de consulta. Además, se buscará ampliar el espectro de respuestas más allá del simple "sí" o "no", lo que permitiría tener en cuenta condiciones adicionales que garanticen el beneficio de todas las partes involucradas.

Por un lado, el Gobierno Nacional y/o sus entidades tendrán la oportunidad de llevar a cabo los proyectos y obtener regalías. Por otro lado, las comunidades afectadas por estas actividades deben ser protegidas para preservar su integridad. Además, podrán beneficiarse de medidas de protección ambiental y de compensaciones adecuadas por los posibles impactos negativos, tanto para ellos mismos como para su entorno.

Se llevará a cabo la formulación de preguntas y respuestas, las cuales serán sometidas al trámite de revisión por parte de los entes competentes para garantizar su conformidad con la legalidad y los principios constitucionales. Esta revisión incluirá un análisis de su constitucionalidad, tomando en cuenta los criterios previamente establecidos por las Altas Cortes, dando por hecho que para ese momento sus criterios serás más amplios y garantistas.

Posteriormente, se establecerán los procedimientos necesarios para que las personas que hagan parte de la comunidad puedan participar en la toma de decisiones que afecten su entorno.

La decisión final será determinada por la mayoría, reconociendo que la unanimidad absoluta entre toda la población es prácticamente inalcanzable y una vez definida esta solución, será vinculante de acuerdo con lo establecido en la normativa constitucional y legal vigente.

Este proceso garantiza la coherencia con los principios de coordinación, concurrencia y subsidiariedad, ya que quienes plantean los cuestionamientos y las posibles respuestas actúan como representantes del Estado colombiano. De este modo, la decisión final reflejará las posturas y consideraciones de todas las partes involucradas.

Una vez surtido el anterior procedimiento, se procederá a realizar la Consulta Popular, en concordancia con lo estipulado en el artículo 103 de la Constitución Política de Colombia, donde se establece que dicho mecanismo debe ser implementado como una forma de participación que asegura la soberanía estatal y constituye un derecho fundamental al cual toda persona tendrá acceso, sin discriminación alguna basada en diferencias de cualquier índole.

4.4.3. Procedimiento de la consulta popular

Para iniciar la audiencia pública, como primer paso, se procederá a la difusión de toda la información programática en los portales web de cada entidad, en los medios impresos regionales y en emisoras radiales durante cuatro (4) domingos previos al inicio de las actividades. Esta medida tiene por objetivo asegurar que los ciudadanos estén debidamente informados sobre la convocatoria, sin que se les exija ningún requisito formal para participar en la misma.

La audiencia pública contará con la participación de una amplia pluralidad de expertos y la ciudadanía en general. Entre los participantes figurarán un representante del Ministerio de Minas y Energía, encargado de la supervisión del sector minero y energético; del Ministerio de Hacienda, responsable de la salvaguarda de los recursos públicos de la Nación; del Ministerio de Ambiente y Desarrollo Sostenible, encargado de establecer políticas y regulaciones para la protección y conservación del medio ambiente y los recursos naturales renovables; del Ministerio de Agricultura y Desarrollo Rural, encargado de la formulación de políticas agrícolas, ganaderas, pesqueras, de desarrollo rural y alimentación; y del Ministerio de Justicia y del Derecho, que garantice el respeto por los derechos humanos.

Asimismo, podrán participar el Instituto de Investigación de Recursos Biológicos Alexander von Humboldt, en calidad de soporte en estudios investigativos relativos a la conservación y el conocimiento sobre la biodiversidad; las universidades y grupos investigativos, que colaborarán en investigaciones relacionadas con los proyectos de exploración y explotación de hidrocarburos no convencionales; el representante de la Defensoría del Pueblo; el representante para asuntos ambientales de la Procuraduría General de la Nación y los alcaldes y gobernadores, cuyos representantes no podrán ser removidos.

Por otro lado, también podrán estar presentes la Agencia Nacional de Hidrocarburos, encargada de promover el aprovechamiento sostenible de los recursos del país y de armonizar los intereses entre el Estado, la sociedad y las empresas; los representantes de las comunidades indígenas y sus respectivos traductores; los representantes de las comunidades campesinas; los ciudadanos en general; y la Empresa de Minero-energética -Ecopetrol-. Estos últimos tendrán la facultad de cambiar a sus representantes.

Durante la audiencia, todos los participantes formularán de manera consensuada la pregunta y sus respectivas respuestas. Se establecerá un plazo de tres (3) meses para tomar una decisión. En caso de no alcanzar un consenso, se permitirá cambiar a los representantes hasta en tres (3) ocasiones, manteniendo el mismo plazo. Persistiendo el desacuerdo tras estos cambios, no se llevará a cabo la exploración ni la explotación, en acatamiento al principio de soberanía.

Es importante resaltar que esta audiencia pública conlleva decisiones vinculantes, en las cuales se implementará la consulta popular y una vez se tome una decisión sobre una respuesta, esta será de obligatorio cumplimiento para todos los involucrados y acarreará consecuencias para aquellos que la incumplan.

Gráfico 2. Procedimiento de la consulta popular.

PROCEDIMIENTO CONSULTA POPULAR

Este procedimiento paso a paso busca establecer un marco claro y transparente para la consulta popular, garantizando la participación ciudadana y el respeto al principio de soberanía.

Difusión de la información programática 4 domingos previos al inicio

- Publicación de toda la información del proyecto en los portales web de las entidades involucradas.
- Difusión en medios impresos regionales y emisoras radiales durante 4 domingos consecutivos.
- Garantizar que toda la ciudadanía esté informada sobre la convocatoria sin requisitos previos para participar.

Audiencias públicas

- Representante de Ministerios de Minas y Energía, de Hacienda, de Ambiente y Desarrollo Sostenible, de Agricultura y Desarrollo Rural, de Justicia y del Derecho.
- Entidades: Instituto de Investigación de Recursos Biológicos Alexander Von Humboldt, universidades y grupos investigativos, Defensoría del Pueblo, Procuraduría, alcaldes y gobernadores.
- Otros participantes: Agencia Nacional de Hidrocarburos, representantes de comunidades indígenas con traductores, representantes de comunidades campesinas, ciudadanos en general y Empresa Minero-energética -Ecopetrol- (con la posibilidad de cambiar a sus representantes).

*Durante las audiencias se formulará de manera consensuada la pregunta de la consulta popular y sus respectivas respuestas.

Deliberación y toma de decisión 3 meses

- Se establece un plazo de 3 meses para que los participantes deliberen y tomen una decisión sobre la pregunta de la consulta popular.
- Se permiten hasta 3 cambios de representantes durante este período, manteniendo el plazo original.
- Si no se alcanza un consenso después de estos cambios, no se llevará a cabo la exploración ni la explotación del proyecto, en respeto al principio de soberanía.

Implementación de la consulta popular

- Las decisiones tomadas en la audiencia pública son vinculantes y conllevan la implementación de la consulta popular.
- La consulta popular se realizará con base en la pregunta y las respuestas formuladas durante la audiencia.
- El resultado será de obligatorio cumplimiento para todos los involucrados.
- Se establecerán las consecuencias para aquellos que incumplan con la decisión.

REFERENCIAS

Libros y artículos

Agribusinessglobal (03 marzo 2020). El tenue futuro del glifosato en África. https://lc.cx/sV8M6S

Agribusinessglobal (04 enero 2024). Alemania levanta temporalmente su prohibición total del glifosato. https://lc.cx/WIEby1

Álvarez, J. (2022). Democracia Participativa bajo la Constitución Política de 1991. *Revista Verba Iuris*, (47). 155-175. https://lc.cx/ZbWXLW

Asociación Ambiente y Sociedad (2022). Parados en un río de petróleo. https://lc.cx/8jRjup

Barber, B.R. (2015). *Participatory Democracy.* The Encyclopedia of Political Thought, First Edition. Edited by Michael T. Gibbons, Published 2015 by John Wiley & Sons, Ltd. DOI: 10.1002/9781118474396.wbept0752

Contreras, A. (2022). La consulta popular en Cabrera, Cundinamarca. Las luchas agrarias, el sujeto político campesinado y el "No" a la hidroeléctrica "Ni un paso al Paso". En M. García y A. Contreras (Eds.), *Consultas populares, conflictos socioambientales y repertorios comunicacionales en Colombia*. (pp. 83-123). Uniminuto. https://lc.cx/h1TnYw

Duque. N. (2009). *La autonomía territorial en el marco de la república unitaria y la capacidad institucional del Estado subnacional en Colombia*. Administración & Desarrollo, 37(51), 109-124. https://lc.cx/UQro_0

El País (21 septiembre 2023). Conozca los países en lo que está prohibido o limitado el uso de glifosato, ¿aparece Colombia? https://lc.cx/Q5RQv7

Fuente: Elaboración propia.

Euronews (04 febrero 2020). Luxemburgo abre camino en la prohibición del glifosato en la Unión Europea. https://lc.cx/XOKWiv

Euronews (16 noviembre 2023). Bruselas permite el uso de glifosato en la UE durante 10 años más después de que los Estados miembros no lleguen a un acuerdo. https://lc.cx/c7616O

Euronews (16 noviembre 2023). Bruselas permite el uso de glifosato en la UE durante 10 años más después de que los Estados miembros no lleguen a un acuerdo. https://lc.cx/ZPjrUO

Evensen (D). (2016). Ethics and '*fracking*': a review of (the limited) moral thought on shale gas development. WIREs Water 2016, 3:575–586. doi: 10.1002/wat2.1152.

Ferguson, G.E. (1969). Combatting water pollution from large oil spills. Journal– American Water Works Association Volume 61, Issue 12. First published: 01 December 1969. https://lc.cx/qar4F5

FIGO -International Federation of Gynecology and Obstretic- (2019). Removal of glyphosate from global usage. https://n9.cl/1llmz

Fischhoff, B., & Reilly, W. M. (1987). Dealing with values: Research findings and policy options. In D. Stokols & I. Altman (Eds.), *Handbook of environmental psychology* (Vol. 2, pp. 1027-1065). New York: John Wiley & Sons.

France 24 (20 septiembre 2023). ¿En qué países está limitado o prohibido el uso del glifosato? https://lc.cx/kiWdQM

Garay, L. F. (2010). La consulta popular ambiental en Colombia: Entre el reconocimiento y la limitación. *Estudios Socio-Jurídicos*, (pp. 12, 313-342).

Guerra Sánchez, M., Carrascal Vergel, A. M., & Vergara Llanos, J. C. (2021). *Consulta Popular minera y competencias de los municipios.* JURÍDICAS CUC, *17*(1), 427–452. https://doi.org/10.17981/juridcuc.17.1.2021.15

Hidrovo, Álvaro Javier (2004). Plaguicidas usados en la fumigación de cultivos ilícitos y salud humana: ¿una cuestión de ciencia o política? Revista de salud pública vol.6 no.2 Bogotá 2004. https://lc.cx/YlsY7x

Infobae (06 junio 2019). El gobierno de Chubut promulgó una ley que prohíbe el glifosato. https://n9.cl/lbqdf

Instituto Amazónico de Investigaciones Científicas-SINCHI" (2022). Contaminación de agua por petróleo y glifosato en el corredor Puerto Vega-Teteyé, Putumayo. https://lc.cx/70zrdW

Las consultas populares en Colombia: empoderamiento, reacción y resistencia. *Colombia Internacional,* (114). https://doi.org/10.7440/colombiaint114.2023.02

Lazala, Y. (14 de febrero de 2019). Consulta legítima minera y ordenamiento territorial en San Lorenzo (Nariño): Construyendo democracia participativa y justicia ambiental desde el territorio. *Réseau International des Droits Humains Suisse et Europe*. https://n9.cl/xm731h

Löfstedt R. (2004). The swing of the regulatory pendulum in Europe: from precautionary principle to (regulatory) impact analysis. J Risk Uncertainty 2004, 28:233–260. https://lc.cx/A0KYl-

Mojica, M. L. (2019). *Mecanismos de participación ciudadana en relación con las actividades extractivas. Caso extracción de hidrocarburos en el municipio de San Bernardo*. Recuperado de: http://hdl.handle.net/10554/45050

Muñoz, M. y Peña, J. (2019). *Estudio de caso: auge y decadencia de las consultas populares como mecanismo de participación y refrendación de la voz ciudadana en el sector extractivo en Colombia*. Foro Nacional por Colombia.

Pogrebinschi, T. (2019). Consulta Popular Legítima en Mercaderes – Cauca. *LATINNO*. https://latinno.net/es/case/5243/

Portafolio (01 abril, 2022). Amlo posterga prohibición del glifosato en México hasta hallar una alternativa. https://acortar.link/Z1jnaq

Roa, T. (2012). Palabras para narrar la resistencia: las luchas por el agua y el territorio. En C. Toro, J. Fierro, S. Coronado y T. Roa (Eds.), *Minería, territorio y conflicto en Colombia*. (pp. 399 – 412). Universidad Nacional de Colombia.

Rojas, J. (27 de noviembre de 2017). *La Macarena, Meta, no pudo hacer su consulta minera*. El Tiempo. https://acortar.link/RJrrHu

Rosanvallon, P. (2010). *La legitimidad democrática: imparcialidad, reflexividad y proximidad.* Ediciones Paidós.

Rubio, R. (2021). La participación en la Constitución colombiana: una Constitución participativa pionera. *Revista Derecho del Estado,* (50), 43-76. https://doi.org/10.18601/01229893.n50.03

Sánchez, M. (1980). *La participación del ciudadano en la administración pública*. Centro de Estudios Constitucionales.

Suarez, M.A. (2022). *Juez suspende temporalmente piloto de fracking en Puerto Wilches, Santander.* Colombia.com. https://acortar.link/R2CdwY

Tacuma Martínez, D.V. (2020). Los impactos ambientales de los cultivos ilícitos en las áreas naturales protegidas en Colombia: problemáticas y soluciones. Tesis de grado, Universidad Católica de Colombia. https://lc.cx/PpVuPA

Tamayo, S. A., & García, C. A. (2018). La participación ciudadana en la toma de decisiones ambientales en Colombia: Un análisis crítico. *Revista de Derecho del Estado.* (pp.41, 25-52).

Torres González, O y Rodríguez Martínez, C.E. (2022). El debate sobre el glifosato en Colombia: controversia científico-tecnológica y ciencia regulativa. Revista Iberoamericana de Ciencia, Tecnología y Sociedad–CTS, vol. 17, núm. 49, pp. 11-37, 2022. Consejo Nacional de Investigaciones Científicas y Técnicas. https://lc.cx/tUbXOQ

Torres Romero, C.A. problemática ambiental causada por el uso del glifosato en el contexto productivo agrario colombiano. Tesis de grado, Universidad Nacional Abierta y a Distancia -UNAD. https://acortar.link/c0Il9j

Torres, J.F. (2018). *Cajamarca–Tolima votó NO en la consulta popular.* Revista Semillas. N° 69/70–diciembre de 2017. https://acortar.link/o0gTNY

United States Environmental Protection Agency -EPA- (2020). Ingredients Used in Pesticide Products – Glyphosate. https://n9.cl/vx9sw

UNODC (2022). El cultivo de coca alcanzó niveles históricos en Colombia con 204.000 hectáreas registradas en 2021. https://lc.cx/N2kS8y

Vásquez, H. (1994). La historia del petróleo en Colombia. Revista Universidad Eafit Vol 30. https://lc.cx/OD9PnW

Sentencias de la Corte Constitucional

T-411 de 1992, Alejandro Martínez Caballero.

C-031 de 1993, M. P. Eduardo Cifuentes Muñoz.

C-180 de 1994, M. P. Hernando Herrera Vergara.

SU-039 de 1997, M. P. Antonio Barrera Carbonell.

C-138 de 2001, M. P. José Gregorio Hernández Galindo.

T-637 de 2001, M. P. Manuel José Cepeda Espinosa.

C-161 de 2003, M. P. Álvaro Orlando Pérez Sánchez.
T-025 de 2004, M. P. Manuel José Cepeda Espinosa.
C-983 de 2005, M. P. Humberto Antonio Sierra Porto.
T-129 de 2011, M. P. Jorge Iván Palacio Palacio.
T-693 de 2011, M. P. Jorge Ignacio Pretelt Chaljub.
T-052 de 2012, M. P. María Victoria Calle Correa.
C-123 de 2014, M. P. Alberto Rojas Ríos.
C-150 de 2015, M. P. Mauricio González Cuervo.
C-150 de 2015, M. P. Mauricio González Cuervo.
C-221 de 1996, M. P. José Gregorio Hernández Galindo.
T-445 de 2016, M. P. Jorge Iván Palacio Palacio.
T-455 de 2016, M. P. Jorge Iván Palacios Palacios.
T-236 de 2017, M. P. Aquiles Arrieta Gómez.
SU-095 de 2018, M. P. Cristina Pardo Schlesinger.
SU-123 de 2018, M. P. Alberto Rojas Ríos y Rodrigo Uprimny Yepes.
SU-411 de 2020, M. P. Alberto Rojas Ríos.
T-413 de 2021, M. P. Cristian Pardo Schelesinger.
T-375 de 2023, M. P. Paola Andrea Meneses Mosquera.

Sentencias de otros tribunales

Consejo de Estado, Sección Segunda, Subsección A. Sentencia de tutela, proceso No. 11001-03-15-000-2014-00788-00, tutelante Empresa Colombiana de Petróleos ECOPETROL, tutelado Tribunal Administrativo de Casanare. Consejero Ponente: Alfonso Vargas Rincón; 23 de abril del 2014. https://lc.cx/uCI5MJ

Consejo de Estado, Sección Primera, radicación número: 11001-03-24-000-2004-00227-01

Actor: Roberto Uribe Ricaurte y María Inés Guardiola Perilla, demandado: Consejo Nacional de Estupefacientes, del 11 de diciembre 2013 Consejero ponente: Guillermo Vargas Ayala. https://lc.cx/QuJu3x

Consejo de Estado, Sección Tercera, radicación 41001-23-31-000-2000-02956-01(29028) demandante Luis Eli Medina, demandado: Nación–Ministerio de Defensa–Policía Nacional Consejero ponente: Ramiro de Jesús Pazos Guerrero. https://lc.cx/cPHIt2

Consejo de Estado, Sala Plena de la Contencioso Administrativo, radicación No. 25000-23-25-000-2001-0022-02(AP)IJ demandante: Claudia Sampedro Torres y otro; demandado: Ministerio del Medio Ambiente. Consejero ponente Nicolás Pájaro Peñaranda. https://lc.cx/ENi5BZ

Consejo de Estado, Sección Tercera Subsección B, radicación nº 52001-23-31-000-2010-00511-01 del 09-07-2021, demandante R.C. y otros, demandado Ministerio de Defensa – Policía Nacional. Magistrado ponente: Alberto Montaña Plata

Corte Suprema de Justicia, Sala de Casación Penal – Sala de decisión de tutelas, número de proceso 117417, accionante Comunidades Indígenas y Afrodescendientes representadas por la Organización Red de Derechos Humanos del Pacífico Nariñense (Redphana), accionado Agencia Nacional de Defensa Jurídica del Estado y otros. Magistrado ponente Diego Eugenio Corredor Beltrán

Tribunal Administrativo del Meta. Sala Segunda Oral. Proceso No. 50-001-23-33-000-2017-00398-00, M. P. Héctor Enrique Rey Moreno; 18 de septiembre de 2017.

Tribunal Administrativo de Nariño (2014, 2014a, 2014b, 2015, 2015a, 2015b, 2017, 2017a, 2018, 2018ª). Sentencias procesos de reparación directa: 2007–00011 (5525), 2008–173 (4289), 2011 – 001893, 090071 (3591), 100113 (4857), 2011 – 0053, 2012–0049 (752), 2010-286-01 (Nº I.5856), 2010–00036 (6846), 2012–000152 (6895), 2010247 (6490), 2012–00159 (6979), 2016–00153 (5562). Años 2014–2019. San Juan de Pasto: Relatoría Tribunal Administrativo.

Juzgado Segundo del Circuito de Ibagué. Proceso No. 73001-33-33-002-2020-00087-00, Juez Jesús Orlando Parra; 1 de noviembre de 2023.

Comisión Interamericana de Derechos Humanos CIDH (2018). Informe No. 76/18 Petición 1453-08 Informe de Admisibilidad Yaneth Valderrama y familia contra Colombia. https://acortar.link/Kl0kvW

Normatividad

Constitución Política de Colombia de 1991

Convenio 169 de la OIT sobre Pueblos Indígenas y Tribales. Artículo 6. 7 de junio de 1989. https://lc.cx/rCr8Gt

Declaración de las Naciones Unidas sobre los Derechos de los Pueblos Indígenas. Artículos 3, 4, 11, 18, 19 y 29. 13 de septiembre de 2007. https://lc.cx/4BHf-y

Ley 134 de 1994. Por la cual se dictan normas sobre mecanismos de participación ciudadana. 31 de mayo de 1994. D.O. No. 41.373. https://n9.cl/w9sbf

Ley 1757 de 2015.Por cual se dictan disposiciones en materia de promoción y protección del derecho a la participación democrática. 6 de julio de 2015. D.O. No. 49.565. https://n9.cl/6t7

Ley 30 de 1986 (1986, 32 de enero) Congreso de la Republica. Diario Oficial No 44169 https://lc.cx/ZwIvnf

Pacto Internacional sobre los Derecho Civiles y Político. Artículo 1. 16 de diciembre de 1966. https://lc.cx/n1eoKq

Pacto Internacional de Derechos Económicos, Sociales y Culturales. Artículo 1 y 15. 3 de enero de 1976. https://lc.cx/zjMt2j